Le Guide du Chrétien Céleste

© Copyright 2019
Diffusion Libre

ISBN 978-1-947838-39-0

Cellule d'Evangélisation Cité de Victoire

Facebook: Cellule d'Evangélisation Cité de Victoire
12 BP 103 Fidjrosse, Cotonou Benin

Solara Editions
New York, Cotonou, Paris

Pages web: www.livres.us
Email: editeur@livres.us
Twitter: @AfroBooks

Editorium

Le guide du chrétien céleste est un guide qui conviendra aussi bien pour une initiation que pour un approfondissement. Il est écrit à l'intention de ceux qui veulent concilier les pratiques chrétiennes révélées au prophète SBJ OSCHOFFA et leur vie de chrétien céleste de nos jours. Il nous amène à pratiquer l'Eglise du Christianisme Céleste comme le voulait le prophète et comme cela lui a été révélé par le seigneur Jésus-Christ. Les pratiques et les différents documents proposés tout au long de ce guide aideront chacun à faire des recommandations du prophète une expérience de vie et un chemin à parcourir jour après jour pour obtenir la couronne de gloire qui nous a été promise.

Dans cet ouvrage aussi pédagogique que spirituel, la cellule d'évangélisation de la paroisse HOLY MICKÂEL « CITE DE VICTOIRE » aborde les thèmes majeurs du chrétien céleste. Le guide regroupe les documents officiels et authentiques constituant la doctrine de l'Eglise du Christianisme Céleste, y compris la constitution bleue. Le guide rappelle les interdits et prescriptions de l'Eglise, et explique pourquoi et comment faire l'adoration quotidienne. L'ouvrage discute la célébration des cultes et les instructions des ordres de culte de 1967 et 1984 ; ainsi que la hiérarchie, les grades et les apparats correspondants

Le guide pourra servir comme un recueil officiel de la doctrine de l'Eglise du Christianisme Céleste, et permettra aux jeunes comme aux anciens de comprendre et de se remémorer les ordonnances essentielles. Le Guide du chrétien vous aidera à explorer votre foi et à apprendre ce que c'est que de vivre dans l'Eglise du Christianisme Céleste. Lorsque chaque fidèle saura ce qu'est l'Eglise du Christianisme Céleste et la vivra comme prescrit par le prophète sous la guidance du Saint Esprit, des choses extraordinaires arriveront dans nos vies et se produiront dans toute notre Eglise.

Alléluia

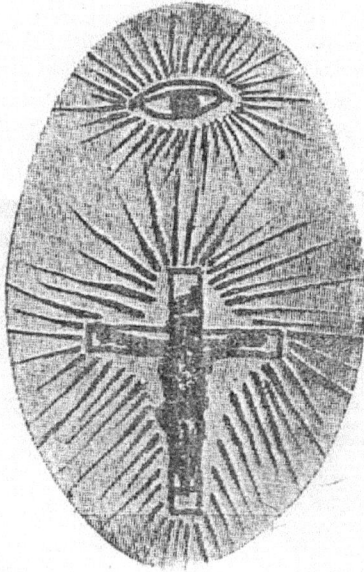

LOGO issu du rapport des travaux de l'abbé Michel Guéry

Ce logo déjà utilisé sur la couverture de l'ordre des cultes et de cérémonies de 1967 est l'inspiration des prêtres missionnaires envoyés par le Vatican et qui avaient pour mission d'enquêter et de comprendre le fonctionnement de l'Eglise du Christianisme céleste et ses pratiques. A la surprise générale, leur rapport était non seulement positif, mais le chef de mission l'abbé Michel Guéry a esquissé le premier logo de l'église. L'œil signifie la présence de Dieu et de la vision dans cette Eglise, la croix témoigne de ce que notre seigneur Jésus Christ est le seul chef de cette Eglise et les étincèles de lumière symbolisent la présence du Saint Esprit dans cette Eglise.

I.   LUMIERE SUR LE CHRISTIANISME CELESTE

LUMIERE SUR LE
CHRISTIANISME CELESTE

PROVENANT DU REVERAND
PASTEUR S.B.J. OSCHOFFA
FONDATEUR DU CHRISTIANISME CELESTE

VENDREDI 25 OCTOBRE 1974

1

LUMIERE
SUR LE CHRISTIANISME CELESTE
PROVENANT DU REVEREND PASTEUR S.B.J. OSHOFFA
FONDATEUR DU CHRISTIANISME CELESTE

Tenant lieu de complément de règlement intérieur
du Vendredi 25 Octobre 1974

2

Paroles essentielles prononcées
par le Révérend Pasteur S.B.J Oschoffa
Fondateur du Christianisme Céleste
à tous ses adhérents dans le monde entier.

Publié par la paroisse du Christianisme Céleste

Paroles essentielles de la bouche
du Révérend Pasteur S.B.J Oschoffa

Voici une partie des préceptes du règlement qui me restent à mettre en place, préceptes pour lesquels Dieu dans sa miséricorde, m'accorda en plus vingt ans pour parachever et asseoir comme base du christianisme ; c'est ce que je porte aujourd'hui à votre connaissance.

Je remercie le Seigneur pour m'avoir préservé la vie afin de me trouver aujourd'hui parmi vous. Lorsque je fus malade au point de mourir, des anges m'ont apparu et m'ont dit que ma mission dans le Christianisme Céleste n'est pas terminée ; que Dieu, dans son infinie bonté, m'accordait encore vingt ans, desquels je suis en train de vivre depuis lors.

Je ne savais pas à cette époque là qu'il y avait tant de chose en perspective. Ces esprits ont vu certes que les hommes chercheront à changer le visage de l'Eglise si je

3

disparaissais ainsi. Je suis donc très content du réveil que vous opérez en moi pour commencer ce travail.

Le Christianisme Céleste, lorsqu'il fut créé, avec ses institutions, vous pouvez ainsi constater que notre façon de faire le Culte est différente, de même que notre façon de prier. Nos pratiques sont différentes de celles des autres religions. Si vous faites bien la remarque, vous verrez que tout ce que nous faisons diffère ; ceci n'est pourtant pas venu d'une idée humaine. Vous savez que je fus charpentier de mon état et je n'ai fait nulle part de hautes études, mais l'Esprit de Dieu vivant, demeure en moi ; qu'il ne m'abandonne jamais (Amen).

Lorsque le Christianisme Céleste commença à Porto-Novo, la force divine y était telle, que le diable s'arma en conséquence pour lui barrer la route et pour semer en son sein la mauvaise semence qui est (l'ivraie). Ceci se manifesta d'abord dans les mains d'un devancier de Porto-Novo dont je voudrais taire le nom ici. Ce dernier décida de changer beaucoup de choses de ma main ; mais je rends grâce à Dieu car la vérité a triomphé.

C'est donc cette mauvaise semence que je suis en train d'arracher maintenant, et Dieu l'effacera définitivement (Amen).

4

Lorsque l'Eglise du Christianisme Céleste vint dans mon pays natal, disais-je, des prêtres catholiques blancs dont le Père Bothuas, soulevaient une lutte acharnée au point de détourner de moi plusieurs fidèles. En ce moment, mon compagnon le Senior Evangéliste Benoît Agbaossi partageait toutes mes peines car lui-même s'était converti depuis que le Christianisme Céleste avait trois mois. La lutte que le Père Bothuas m'imposait était telle que je ne saurais conter ici, mais malgré les grands moyens dont il disposait à l'époque, le Dieu du Christianisme Céleste fut avec moi. Et c'est sous leur pression continue que je partis de Porto-Novo pour les Toffins, (1).

Lorsque je fus chez les Toffins, je commençais à faire ce travail spirituel avec un peu de soulagement. De là donc partaient pour le Nigeria les échos de l'œuvre gigantesque que Dieu opérait par mes mains. C'était les habitants du village Gbadji qui portaient les premières nouvelles de cette religion au Nigeria et lorsque les Lagossiens virent combien cette force spirituelle se développa parmi ceux-ci, ils me firent dire qu'ils désiraient me voir.

Je refusai de partir une première fois, puis une deuxième, mais au troisième appel, l'Esprit me dit de m'apprêter et de partir avec eux pour Lagos. C'est à Makoko que je débarquai et les Lagossiens me reçurent avec chaleur.

5

Je pus me mettre en place et fis asseoir dans ce pays toutes les structures que je n'avais pas la facilité de faire ni à Porto-Novo, ni chez les Toffins.

Le Suprême Evangéliste A.A.Bada était alors à mes côtés et une certaine femme du nom de Maman Oré Ofé.

Mes parents de Porto(Novo, alliées au Père Bothuas, apprenant là-bas comment l'œuvre de Dieu avançait au Nigeria, commencèrent à se demander : « Pourrons-nous appeler les gens de Lagos de petites gens sans intelligence comme ceux de Toffins ? ». Pendant ce temps, un de mes amis dont je veux aussi taire le nom, commença à lutter contre les Lagossiens, mais le Suprême Evangéliste A.A.BADA lui réplique en ces termes : « Aucun prophète n'est bien reçu dans sa patrie. Ce dont que vous avez reçu là-bas, si vous ne le gardez précieusement, Lagos est décidé à vous l'arracher aujourd'hui ».

QUELQUES IDEES FORCE
DU REGLEMENT INTERIEUR
LE FLUX MENSTRUEL

Lorsqu'une femme du Christianisme Céleste est en période de Flux menstruel durant trois ou cinq jours, elle de peut s'approcher des lieux saints qu'après le septième jour. Impure, elle restera sept jours en dehors de la maison de Dieu qui est Sainte.

6

Nous devons conserver un corps saint et un esprit saint dans le travail spirituel. Si l'esprit est saint et le ' corps malsain, c'est une impureté. Quand un homme proprement habillé est taché par la boue, cette boue diminue la valeur de son habit et de tout son corps. De même est l'homme bien lavé qui endosse un habit sale, ne voyez-vous pas que son habit sale diminue la valeur de cet homme ? Le corps doit être saint, l'esprit aussi afin que tout soit sanctifié.

La femme du Christianisme Céleste en période de flux menstruel doit se purifier après le septième jour. Il faut donc que cette femme se présente devant la maison de prière pour sa sanctification. La raison est que les femmes qui sont stériles comme Anne, puissent faire un vœu devant l'Eternel et dire : « Mon Dieu, toi qui sais que je finis cette période, daigne que ce flux ne parte pas en vain après cette purification. Ecoute ma prière comme tu as écouté celle de Anne ».

7

C'est pour cette raison qu'elle doit se présenter devant la maison de l'Eternel.

Dans leurs vœux, les femmes qui ne manquent pas d'enfants diront : « Que l'enfant qui me viendrai au monde soit sanctifié de là-haut. O Dieu Tout-Puissant ». Cette prière n'a pas besoin de la présence de plusieurs. Le devancier de l'Eglise seul suffit pour lui faire la prière de purification. Cette règle doit être la même partout et j'insisterai pour qu'elle devienne une loi. Celui qui n'observera pas celle-ci sera considéré comme rebelle aux règlements de l'Eglise.

Femme Nouvellement Convertie

Pour les femmes nouvellement converties au Christianisme Céleste, la purification se fera devant la maisosn de prière de l'Eglise et on entonnera la chanson suivante :

Regarde vers lui, Jésus t'appel, au pêcheur viens

Jésus priera pour toi pêcheur, oh pêcheur viens

8

Jésus saura guider tes pas, oh pêcheur viens, bis

Le joug pesant qui t'accable, oh pêcheur viens

Jésus saura t'en décharger, oh pêcheur viens Il faudrait que tu l'accepte tout de suite, oh pêcheur viens, bis

Après cette chanson, le devancier élèvera la voix pour une prière fervente. Cette femme aura soin d'apporter une bougie et de l'eau dans un récipient. Elle peut avoir aussi, si elle veut, de l'éponge et du savon parfumé pour se laver après le prière de purification. En aucun cas ce bain ne remplace le baptême.

CHANSONS

Pour les chants dans l'Eglise du Christianisme Céleste, nous ne devons entonner que des chansons données par l'esprit et éviter des cantiques venus d'autres religions. Les nombreuses chansons de Moïse sont en vigueur et il nous reste à recevoir en esprit beaucoup de cantiques ; et à mesure que nous les chanterons , nous verrons la manifestation de la force spirituelle.

9

LES PSAUMES

Le Christianisme Céleste n'emploie pas de Psaume et il ne jeûne pas non plus. Notre jeûne est de marcher pieds nu quand nous endossons notre robe de prière.

Plus d'autres carêmes pour nous, sauf pendant les six ou sept jours pour la commémorer la semaine marquant la souffrance de Notre Seigneur jésus Christ.

VISITE A LA PLAGE

Pour les visites à la plage, je mets présentement un terme, car cela ne cadre pas avec notre règlement. Il doit y avoir une différence entre les sectes et nous. Que l'on ajoute ou ne retire rien à ce règlement. Les lois du Christianisme Céleste doivent être appliquées par tous ses fidèles comme nous l'avons reçues de notre Seigneur Jésus-Christ.

Pour les sacrifices à faire à la plage, je l'interdis complètement : qu'aucun esprit ne l'exige et que personne ne l'applique. Chaque paroisse possède son lieu de sacrifice et sa maison de prière à cet effet.

Que toutes vos mauvaises actions de la plage se fassent au grand jour, devant l'Eglise et qu'on ne surprenne personne qui aille à l'encontre de cette règle, s'il ne veutpas en supporter les graves conséquences. Une telle personne peut être dégradée de son rang dans l'assemblée, ou même suspendue à temps.

10

Pour cela, que les devanciers prennent gardes. Il n'y aura plus de tolérance ou de demi-mesure. Je suis donc décidé à l'appliquer comme j'en ai reçu la mission.

PRIERE

Pour toutes prières à faire dans la maison de Dieu, le devancier fera dos à l'autel et celui pour qui l'on prie se met à genoux devant lui, face à l'autel.

Pour ceux qui aiment monter en lieu élevé, ou sur la montagne pour prier, cette pratique n'est pas dans nos lois et je ne l'ai jamais imposée ; qu'aucun de nos fidèles ne fasse cette pratique-là.

RAMEAUX

Pour ce qui concerne l'emploi de rameaux de palmier pour fouetter une personne pour qui l'on prie, cette pratique est contraire à nos lois, je ne l'ai jamais recommandée ni à une église, ni à un devancier. Jetez les rameaux, priez dans vos églises pour la guérison des malades et à mesure que vous priez avec foi, l'esprit saint descendra et accomplira son œuvre. Vous pouvez vous servir de votre sangle ou du draps blanc d'autel.

L'emploi de rameaux n'est autorisé que dans les cas suivants :

Lorsque nous voulons faire une prière de combat

11

nécessitant la présence de sept devanciers, et que nous ne pouvons réunir les sept personnes, on peut, avec des brindilles de rameaux, confectionner autant de croix qu'il manque de devanciers (trois ou quatre croix en rameaux). De même lorsque nous voulons faire la prière nécessitant sept bougies et que nous n'avons pas les moyens d'acheter sept bougies, on peut fabriquer alors avec des feuilles de rameaux autant de croix qu'il manque de bougies.

D'autre part on tend généralement à diminuer ce nombre de sept chants comme nous l'avons reçu. Que Dieu nous pardonne car sachons bien que nous n'avons pas le droit de diminuer le nombre des sept chansons.

VEILLEES

Au sujet des veillées de trois, sept ou vingt-et-un jours de prière, cela est aussi contraire à nos règlement et ne vient pas de l'esprit . Débarrassez-vous donc de ces pratiques-là.

DES IMITATEURS

D'aucuns de plaisent à imiter le Pasteur Prophète lors de la prédication ou en séance publique de

12

guérison miraculeuse et ils demandent aussi aux étrangers de fixer leur regard sur eux ; ceci est de leur propre imagination et non de l'Esprit. Que ceci ne se répète pas car toute personne commettant un tel acte s'amasse des épines sur sa tête ; que chacun observe ses voies. Priez avec amour et l'Eprit saint viendra accomplir son œuvre au nom de Jésus Christ notre Seigneur.

VISIONNAIRE

Au sujet des visionnaires qui fouettent les malades de leur sangles et fouettent ensuite le mur, il faut que cela cesse, car cette pratique est de anti-christ.

EAU

Qu'il s'agisse, aussi pour certaine prière, qu'il faille recueillir l'eau de la montagne ou au creux des arbres, qu'il s'agisse de l'œuf de poule que l'on casse sur une pierre ou sur un carrefour de trois routes, d'un régime de banane qu'on va enterrer. Qu'il s'agisse de se mettre à genoux sur un linge blanc pour ces prière de combat, autant de chose contraires à nos lois qui doivent prendre fin car le Christianisme Céleste n'est pas venu instituer des pratiques qui tiennent du Paganisme. C'est du syncrétisme.

13

BAIN

D'autres se lavent la nuit en pleine rue ou au carrefour de routes, en pleine brousse ou au désert, et cassent la jarre après ce bain, toutes ces pratique n'ont rien de commun avec le Christianisme Céleste. Il est donc juste qu'elles cessent complètement parmi nous.

Le Chrétien Céleste peut puiser l'eau dans une jarre (eau de puits, rivière, de lagune, de mer) toutes ces eaux peuvent être employé pour le bain, selon ce que nous avons reçu et que je vous ai donné ; mais casser la jarre est irréligieux et doit disparaître.

COUTEAU

N'employez ni couteau, épée, attacher au seuil de la porte d'entrée ou enterré. Jetez tout cet attirail qui n'a rien à voir avec le Christianisme Céleste. Que le Seigneur grandisse la foi de son Eglise (Amen).

Nota (1) pécheurs des villages lacustres du district rural de Porto-Novo.

14

Senior Evangéliste
DAHOMEY

Senior Supérieur
Evangéliste NIGERIA

Révérend Pasteur S. B. J.
Oschoffa Fondateur du
Christianisme Céleste

15

II - ORDONNANCES ET PRESCRIPTIONS DU REVEREND PASTEUR FONDATEUR SAMUEL BILEOU JOSEPH OSCHOFFA

Les Ordonnances et Prescriptions de l'Eglise du Christianisme Céleste se résument en l'observance des dix (10) commandements de Dieu consignés dans le Décalogue et de la Loi d'Amour enseigné par Jésus-Christ :

* De l'observance des 10 Commandements de Dieu,

1.   Tu adoreras Dieu seul et tu l'aimeras plus que tout.

2.   Tu ne prononceras le nom de Dieu qu'avec respect.

3.   Tu sanctifieras le jour du Seigneur.

4.   Tu honoreras ton père et ta mère.

5.   Tu ne tueras pas.

6.   Tu ne feras pas d'impureté.

7.   Tu ne voleras pas.

8.   Tu ne mentiras pas.

9.   Tu n'auras pas de désir impur volontaire.

10. Tu ne désireras pas injustement le bien des autres.

* Du respect strict des douze (12) Interdits,

* De l'application de certaines Prescriptions d'ordre culturel et réglementaire pour la bonne marche de l'Eglise et de notre communauté.

ORDONNANCES DU REVEREND PASTEUR FONDATEUR SBJ OSCHOFFA

Dix ordonnances rappelées au monde Chrétien par le regretté Prophète Pasteur Fondateur Samuel Biléou J. OSCHOFFA le vendredi 5 avril 1985 constituent les dix (10) piliers de l'Eglise du Christianisme Céleste.

1. Le Baptême : Tous les fidèles de l'Eglise du Christianisme Céleste doivent obligatoirement se faire baptiser. Le baptême est obligatoire car ceci existait depuis avant l'arrivée de notre Seigneur Jésus Christ cf. 1 Corinthiens 10:1-4; c'était, en ce temps-là, la première figure de baptême avec Moïse et les enfants d'Israël à travers la Mer Rouge.

2. L'Onction : Tous les fidèles de l'Eglise du Christianisme Céleste doivent se faire administrer l'onction cf. Exode 30:30 où l'Eternel ordonne à Moïse de oindre Aron afin qu'il soit sanctifié et apte au service de l'Eternel Dieu. Rappelez-vous que l'onction est une étape de sanctification plus élevée ayant pour but de préparer les fidèles pour les œuvres sacerdotales (Exode 30:30-33). Les oints sont considérés comme étant disciplinés moralement et murs spirituellement.

3. L'Adoration : Nous devons adorer l'Eternel Dieu des Armées avec le plus de respect que possible. Nous devons nous prosterner chaque fois devant Lui. La prosternation a débuté avec Moïse et les enfants d'Israël qui furent les premiers baptisées du peuple de l'Eternel Dieu. Elle constitue aujourd'hui l'élément important de la force spirituelle de l'Eglise du Christianisme Céleste, comme autrefois avec Moïse et les enfants d'Israël : Exode 4:27-31; Néhémie 8:1-6. L'adoration avec prosternation est une

illustration de ce qui se passe dans les Cieux avec les créatures célestes, car l'Eglise du Christianisme Céleste est synonyme de la Sainte Eglise venue des Cieux. Apocalypse 7:11.

4. Les Prières journalières : (7 PRIERES QUOTIDIENNES) Il est prescrit à tous les Chrétiens Céleste de prier 7 fois par jours; Psaumes 119; aux heures suivantes: 06 heure GMT ou 07 heure locale 09 heure GMT ou 10 heure locale 12 heure GMT ou 13 heure locale 15 heure GMT ou 16 heure locale 18 heure GMT ou 19 heure locale 21 heure GMT ou 22 heure locale 24 heure GMT ou 01 heure locale Dans le cas où vous louperez une séance de prière dans une journée, à votre dernière séance de prière de cette journée, vous chanterez le cantique d'Adoration N° 57 O MON DIEU! O MON DIEU! O MON DIEU, ROI DE LA VIE, le nombre de fois que vous aurez loupé votre prière pendant cette journée-là. Sauf YAH GOHL LOH LAH MARIH YAH NGAH RIH YEH qui est exclusivement réservé pour le premier Jeudi du mois.

5. La Célébration de la Noël: Tout Chrétien Céleste et toute Chrétienne Céleste doit assister à la messe du 24 Décembre pour commémorer la naissance de notre Seigneur Jésus Christ.

6. Le Lavement des pieds: Là-dessus, notre Seigneur Jésus Christ a été très ferme lorsqu'il eut à donner l'exemple pour la première fois avec ses disciples; Jean 13:8

7. La Célébration de Pâques ou Proclamation de la mort de Jésus-Christ : Tout Chrétien Céleste et toute Chrétienne Céleste doit assister au Culte du Vendredi Saint commémorant la mort de notre Seigneur Jésus Christ.

8. La Célébration de la Résurrection de Jésus-Christ : Tout Chrétien Céleste et toute Chrétienne Céleste doit assister au Culte de la Résurrection au cimetière. C'est à dire hors du Cimetière, de l'autre côté de la route ou à défaut au Parvis de la Paroisse. (Jean 5:25-28; Jean 11:38-46; 1 Pierre 4:4-6)

9. L'Ascension : Tout Chrétien Céleste et toute Chrétienne Céleste doit assister au Culte de l'Ascension de notre Seigneur Jésus Christ.

10. La Célébration de la Pentecôte ou Fête des Moissons qui est également la fête de l'Effusion de l'Esprit-Saint : Jour de l'effusion du Saint Esprit qui est un jour sacré pour tout Chrétien Céleste et toute Chrétienne Céleste, en vue d'obtenir ce jour-là, la force spirituelle du Saint Esprit.

A ces dix (10) ordonnances généralement observées dans le Christianisme Céleste, s'ajoutent douze (12) INTERDITS qui sont des Commandements de l'Eglise qui sont des prescriptions.

ORDONNANCE PASTORALE N° 001/ECC/RPCSM/SIK/OP/SPFPORTANT DROIT D'ACCES AU GRAND AUTEL OU SAINT DES SAINTS ET LES 7 ADORATIONS ET PRIERES QUOTIDIENNES ISSUEES DE LA PROCLAMATION PAR LE PROPHETE PASTEUR FONDATEUR S.B. J OSCHOFFA, DES 10 PILIERS ET ETAPES IMPORTANTES DANS L'EGLISE DU CHRISTIANISME CELESTE LE 5 AVRIL 1985

A tous les Chefs de Diocèses
A tous les Chargés Paroissiaux de l'Eglise du Christianisme Céleste dans le monde entier Alléluia! Que la grâce, l'amour et la paix de l'Eternel Dieu des Armées soient avec vous au nom du Christ; Amen!

Le Pasteur et Chef Spirituel de l'Eglise du Christianisme Céleste dans le monde entier,

Vu la Sainte Bible
Vu la Constitution Bleue/1980 signée par le Prophète Pasteur Fondateur de S. B. J. OSCHOFFA;
Vu l'article 108 de la Constitution portant autorité Pastorale en toute matière dans l'Eglise du Christianisme Céleste;
Vu l'article 91 de la Constitution portant l'Eglise sous le règne absolu du Saint Esprit;
Vu l'article 99 de la Constitution alinéa premier portant Saints Rites ou Sacrements dans la forme d'adoration au sein de l'Eglise du Christianisme Céleste;
Vu l'article 94 de la Constitution portant Formes du Culte et d'adoration, 3ʳ compris la disposition et le nombre de fauteuils, le vendredi 5 Octobre 1947;
Vu l'article 178 de la Constitution portant structure, disposition du grand autel ou Saint des Saints et autorisation et droit d'accession y compris le nombre de fauteuil, leur dimension et leur disposition par rapport à la table du grand autel;
Considérant l'Ordonnance Pastorale du Prophète Pasteur Fondateur S. B. J.- OSCHOFFA du vendredi 5 Avril 1985 portant les dix piliers et étapes importantes dans l'Eglise du Christianisme Céleste dont les 7 prières et les 7 adorations quotidiennes, en ses alinéas I.II et IV;
Vu l'article 142 portant dispositions réglementaires pastorales en toute matière dans l'Eglise du Christianisme Céleste ;

ORDONNNE:

Article premier: Le Temple étant établi et consacré au nom de l'Eternel Dieu, il se doit d'être révéré et respecté strictement. Lévitique 26:2; Lévitique 19:30; Nombres 18:5.

Article 2: Seuls les devanciers assermentés, déchaussés, et accrédités officiellement par le Pasteur et Chef Spirituel de l'Eglise du Christianisme Céleste dans le monde entier doivent accéder au grand autel c'est à dire le Saint des Saints.

Article 3: Ces devanciers consacrés, assermentés et accrédités officiellement sont le Chef du Diocèse ou un Most Supérieur Évangéliste en provenance du Siège international/Ketu ou au Siège Mondial/Imeko, avec un ordre de mission du Pasteur et Chef Spirituel de l'Eglise du Christianisme Céleste dans le monde entier, basé au Siège Mondial Imeko Terre Sainte et au Siège International/Ketu.

DE L'ADORATION ET DES 7 PRIERES QUOTIDIENNES

Article 4: Les dispositions ci-après doivent constituer l'enseignement spirituel sur l'adoration et les 7 prières quotidiennes telles que instituées par le Prophète Pasteur Fondateur S. B. J. OSCIIOEFA, le 5 Avril 1985 au parvis de Makoko, Siège National et Paroisse Mère du Nigeria; ces adorations doivent se faire en dehors des jours de cultes ordinaires de mercredi, vendredi et de dimanche.
Ces 7 Prières et Adorations quotidiennes doivent être conduites et exécutées pendant 10 à 15 minutes sur toutes les paroisses par tous les Chargés paroissiaux ou leurs Adjoints consacrés, assermentés et accrédités par le Siège International /Ketu et le Siège Mondial Imeko.

Article 5 : Les étapes III et IV suivants, constituent, in extenso, les explications sur la Prosternation et l'Adoration lors de la Proclamation des 10 piliers et étapes importantes de l'Eglise du christianisme Céleste, par le Prophète Pasteur Fondateur S. B. J. OSCHOFFA ; il s'agit de :

ADORATION PAR PROSTERNATION FACE CONTRE TERRE

Dieu a créé l'homme afin, que ce dernier le serve c'est à dire qu'il l'adore dans la crainte. Exode. 9:1. L'adoration est un rituel qui a été donné pour la première fois à Moïse ; Exode. 4 : 2 7 - 3 1 .

Lorsque les enfants d'Israël abandonnèrent ce rituel après Moïses et Josué, ils perdirent le contact avec Dieu ainsi que les privilèges dont ils jouissaient. Leurs prières n'étaient plus exaucées.
C'est alors qu'ils se rassemblèrent pour chercher la cause de leurs malheurs. L'Eternel Dieu ne changeant pas, ils conclurent qu'ils devaient être l'artisan de leurs propres malheurs.
Les anciens d'Israël décidèrent de sortir le livre de la Loi, de le lire en séance publique devant tout le peuple. Ce qui fut fait. Ils découvrirent le rite de l'adoration. Ils levèrent les mains, s'inclinèrent, se prosternèrent face contre terre, et adorèrent Dieu. Néhëmie. 8:6-10.
Cette adoration nous la faisons sur terre, et nous la ferons après notre mort avec les créatures Célestes. Car c'est ainsi qu'elles adorent Dieu. Apocalypse 7:11.

LES SEPT PRIÈRES QUOTIDIENNES

Le Chrétien Céleste doit célébrer Dieu sept fois par jour. Psaumes 119: 164.
Les heures régulières de célébration sont les suivantes : 6h - 9h - 12h - 15h - Î8h - 21 h - 24h.
Nos frères de l'Islam célèbrent Dieu cinq fois chaque jour, selon les instructions qu'ils ont reçues du Tout Puissant.
La célébration de minuit est indispensable ; Psaumes 119 :62.
Cette heure est celle des forces du mal. C'est à cette heure que les sorciers et autres forces du mal se réunissent. Ils passent sur les âmes de leurs victimes en allant à la réunion.
Celui qui est en pleine célébration, est entouré par la lumière et le feu de Dieu, quiconque oserait s'y avancer serait pulvérisé. La célébration est l'adoration de l'Eternel et la prière.
Nos sept prières quotidiennes doivent être précédées de l'adoration.
Le livre de Proverbes 24:16 dit " Car sept fois le juste tombe, et il se relève; mais les méchants sont précipités dans le malheur". Ce sont les sept célébrations qui relèvent le juste.
Les heures de prières mentionnées au-dessus sont imposées par Dieu. À ces heures, toutes les créatures de Dieu devraient l'adorer. Le Prophète Esaïe 55:6 nous dit "Cherchez l'Eternel pendant qu'il se trouve, invoquez-le tandis qu'il est proche". Nous devons donc respecter, tant que possible, les heures de célébrations quotidiennes.

N.B. Outre ces heures, le Chrétien Céleste doit s'adresser tout le temps à Dieu par des prières, des supplications, et des actions de grâce ; c'est la prière permanente. Le Chrétien Céleste doit prier tout le temps. Phil. 4: 6.

Le service (occupation professionnelle) et autre occupation ne peuvent nous empêcher de prier. L'heure de célébration doit être marquée quoi qu'il advienne et quelques soit le lieu où nous nous trouvons, par une prière silencieuse de quelques secondes car Dieu est Esprit Jean 4: 24.

(c.) Rappel d'adorations - Les adorations que nous n'avons pas pu faire doivent être rappelées à l'heure de la prochaine célébration. Pour le rappel, le rituel est exécuté au tiers.
La différence entre l'adoration au Culte du premier Jeudi du mois et les adorations journalières

Les adorations journalières se composent des Cantiques suivants :

    (1)   Cantique N° 57 -

O Mon Dieu! O mon Dieu! O mon Dieu, Roi de la Vie.
Saint des Saints! Saint des Saints! Saint des Saints, Roi des Anges.
Prosternons-nous! Prosternons-nous, pour le Roi des vivants.

(2)   Cantique N° 56 -   Y AH' GOH LAH MAH RIH YAH NGAH RIH YEH.

YAH GOH LAH MAH RIH YEH
Prosternons-nous pour le Roi des Rois !
 Prosternons-nous devant lui !

L'adoration marquant le Culte du premier jeudi du mois utilise les trois cantiques ci-après.

(1) Cantique N° 57 -   O Mon Dieu! O mon Dieu! O mon Dieu, Roi de la Vie
(Position debout, mains ouvertes levées vers le Ciel)
Saint des Saints! Saint des Saints! Saint des Saints, Roi des Anges
(Position inclinée, les paumes des mains sur les genoux, la tête inclinée en révérence)
Prosternons-nous! Prosternons-nous! Prosternons-nous, pour le Roi des Vivants
(Position à genoux, la face contre le sol et les paumes des mains plaquées au sol)
Amen !

(2) Cantique N° 266 -   HI RAM JAH MAH
JAH RIH BAH HI RAM JAH MAH
O Saint Esprit
Colombe Céleste descend
(Position à genoux, buste relevé et les paumes des mains plaquées sur l'avant des genoux et la tête inclinée en révérence)
Amen!

(3) Cantique N° 36 -   YAH GOH LA MAH RIH YAH NGAH RIH YEH
YAH GOH LAH MAH RIH YEH
Prosternons-nous pour le Roi des Rois !
Prosternons-nous devant lui !
(Position à genoux, la face contre le soi et les paumes des mains plaquées au sol)
Amen !
Article 6: Les prières et les 7 Adorations quotidiennes s'exécuteront comme suit:
Gloria (gloire soit rendue au père, au fils et au saint esprit)
Sonnerie de la cloche 3 fois, Saint ! Saint ! Saint est l'Eternel Dieu des Armées

Debout:
 O Mon Dieu! O mon Dieu! O mon Dieu, Roi de la Vie
Saint des Saints! Saint des Saints! Saint des Saints, Roi des Anges
Prosternons-nous! Prosternons-nous! Prosternons-nous, pour le Roi des Vivants,
Amen!

Yah Gol Lan Marih Yah Ngarih Yeh
Prosternons-nous pour le Roi des Rois !
Yah Gol Lan Marih Yeh
Prosternons-nous devant lui !
Yah Gol La h Marih Yah Ngarih Yeh
Prosternons-nous pour le Roi des Rois !
Yah Gol Lah Marih Yeh
Prosternons-nous devant lui !
Yah Gol Lah Marih Yah Ngarih Yeh
Prosternons-nous pour le Roi des Rois !
Yah Gol Lah Marih Yeh
Prosternons-nous devant lui !
Amen!

Courte Prière de trois personnes :
Première Personne un homme : Sanctification, Rémission de péchés et remerciement
Deuxième Personne une femme : Combat, Victoire et Protection
Troisième Personne un homme : Force, Bénédiction, Dons Spirituels

Notre Père qui est aux Cieux

Gloria

Bénédiction par le Chargé Paroissial ou son adjoint assermenté et consacré.

7 fois Alléluia face à l'autel

Cette Adoration doit se faire obligatoirement sept (7) fois par jour, toutes les trois (3) Heures successives.

PRESCRIPTIONS DU REVEREND PASTEUR FONDATEUR SBJ OSCHOFFA

(LES DOUZE INTERDITS DE L'ECC)

1. Refus d'adoration des idoles, de pratique fétichiste, de magie, sortilège et autres enchantements

2. Proscription de cigarette, de tabac et de toutes sortes de drogue ou stupéfiants

3. Non consommation de boissons alcoolisées et de toutes autres liqueurs enivrantes

4. Non consommation de la viande de porc, d'animaux et nourriture offerts aux idoles

5. Interdiction du port d'habits noirs ou rouges sauf pour des raisons professionnelles

6. Interdiction du port de chaussures en soutane ou en robe de prière

7. Interdiction aux hommes et aux femmes de s'asseoir côte à côte dans le Temple de Dieu (sauf dérogation spéciale les jours de fête des Moissons)

8. Interdiction aux femmes en période menstruelle et à celles qui ont nouvellement accouché de fréquenter l'Eglise avant leurs jours de purification

9. Interdiction aux femmes d'entrer à l'Autel ou de prendre la tête d'une réunion de culte

10. Non utilisation de bougies de couleur en dehors des bougies blanches ordinaires

11. Interdiction de fornication et d'adultère

12. Eviter de souiller son corps, sa pensée et son esprit par le péché en s'efforçant de tendre à la perfection.

III- RECOMMANDATIONS DU REVEREND PASTEUR FONDATEUR SAMUEL BILEOU JOSEPH OSCHOFFA

Si nous marchons dans la chair, nous ne combattons pas selon la chair, car les armes avec lesquelles nous combattons ne sont pas charnelles ; mais elles sont puissantes, par la vertu de Dieu, pour renverser les forteresses. Nous renversons les raisonnements et toute hauteur qui s'élève contre la connaissance de Dieu et nous amenons toute pensée captive à l'obéissance de Christ. Nous sommes prêts aussi à punir toute désobéissance lorsque votre obéissance sera complète. »
« Vous regardez à l'apparence ! Si quelqu'un se persuade qu'il est de Christ, qu'il se dise bien en lui-même que, comme il est de Christ, nous aussi nous sommes de Christ. »
« Ce n'est pas hors de toute mesure, ce n'est pas par des travaux d'autrui que nous nous glorifions ; mais c'est avec l'espérance. Si votre foi augmente, de grandir encore davantage parmi vous, selon les limites qui nous sont assignées et d'annoncer l'Évangile au-delà de chez vous, sans nous glorifier de ce qui a été fait dans les limites assignées à d'autres. Que celui qui se glorifie se glorifie dans le Seigneur, car ce n'est pas celui qui se recommande de lui-même qui est approuvé, c'est celui que le Seigneur recommande. » (II Cor. 10 : 3-18).
« Je suis jaloux de vous d'une jalousie de Dieu, parce que je vous ai fiancés à un seul époux, pour vous présenter à Christ comme une vierge pure. »
« Si quelqu'un vient vous prêcher un autre Jésus que celui que nous avons prêché : qu'il soit anathème, ou si vous recevez un autre Esprit que celui que vous avez reçu, ou un autre Évangile que celui que vous avez embrassé : que le Seigneur vous réprime. » (II Cor. 2:2-4).

Je vous exhorte, mes biens aimés à vivre, non plus selon les convoitises des hommes, mais selon la volonté de Dieu, pendant le temps qui vous reste à vivre dans la chair. C'est assez, disait Saint-Pierre, d'avoir dans le temps passé accompli la volonté des païens, en marchant dans la dissolution, les convoitises, l'ivrognerie, les excès du manger et du boire, et les idolâtries criminelles.
Marchez maintenant dans le droit chemin, le chemin tracé par l'Évangile de notre Seigneur Jésus-Christ.
« Si vous êtes outragés par le nom de Christ, vous êtes heureux, parce que l'Esprit de gloire, l'Esprit de Dieu, repose sur vous. Que nul de vous, en effet, es souffre comme meurtrier, ou voleur, ou malfaiteur, ou comme s'ingérant dans les affaires d'autrui. Mais si quelqu'un souffre comme chrétien, qu'il n'en ait point honte et que plutôt il glorifie Dieu à cause de ce nom. »
(I Pierre 4 : 14-16).
«Mes bien aimés, si nous avons une prière particulière à vous adresser, c'est que vous vous gardiez de la sorcellerie, du vampire, des idoles, des gris-gris, des magies, etc. Car ce sont ces choses-là qui tuent notre foi et nous transforment en enfants de la perdition.

L'Église est la religion de tous et non d'OSCHOFFA, voilà pourquoi depuis bien longtemps, lorsqu'il s'agit des affaires de l'Église, j'emploie le pronom personnel "Nous" au lieu de "Je".
Notre but! Dans la concorde et la bonne entente faisons tout pour garder à jamais ce précieux cadeau du Ciel, ce privilège exceptionnel.
Le respect nécessaire des principes fondamentaux, la Constitution, et du règlement intérieur de l'Église sans oublier la Sainte Bible, constitue l'objet essentiel de l'éducation du Chrétien Céleste.

Nous vous faisons savoir que l'Église du Christianisme Céleste n'accepte pas l'indiscipline. Il y a des lois et règlements de l'Église qui permettent aux membres indisciplinés de l'Église d'être disciplinés. Avec la croissance et le développement de l'Église, certains nouveaux arrivants importaient des habitudes et comportements différents de l'Église. Vous avez tous vu la bonté de l'Eternel Dieu des Armées, lorsque vous veniez à lui dans l'Église ; donc ne salissez et ne ternissez pas l'image de l'Église du Christianisme Céleste, l'Église de l'Eternel Dieu des Armées, avec vos actions profanes.

Il vous a été dit que nous ne voulons pas de la construction anarchique des Paroisses ; des Paroisses construites côte à côte ou à quelques mètres, pour des raisons de cupidité ; beaucoup d'entre vous, sans la notification préalable officielle du Siège International et de nous, ont soudainement l'intention de bâtir des Paroisses à un idéal emplacement.
Sachez que l'Église du Christianisme Céleste a cette autorité de recourir au gouvernement, notamment le Ministère en charge des Affaires Religieuses, pour la fermeture de toutes les Paroisses qui ne sont pas en conformité avec les procédures et les lois en vigueur dans la Constitution de l'Église du Christianisme Céleste.

Les Paroisses de l'Église du Christianisme Céleste ne doivent pas être trop proches les unes des autres ; si c'est le cas, l'une d'elle devra déménager au profit de l'autre, et aller s'installer ailleurs.
Y a-t-il une honte que cette Église soit une Église des africains et qu'elle ne soit pas organisée? Est-ce que nous, africains de race noire ne devraient pas être organisés ? Est-ce que le fait d'être noir implique directement que nos cœurs sont noirs ? L'Eternel Dieu des Armées savait que nous sommes des africains de race noire avant de descendre et manifester sa puissance en nous.
Donc, nous devons organiser l'Église du Christianisme Céleste, l'Eternel Dieu des Armées nous aidera à organiser l'Église du Christianisme Céleste ; l'Eternel Dieu des Armées balayera et jettera dehors toutes les saletés de l'Église et ceux qui la salissent.

Tous les devanciers à partir du grade de Leader à Vénérable Senior Leader et plus, dans toutes les Paroisses de l'Église du Christianisme Céleste, ne devraient pas coudre leur vêtement sans notre instruction et nous déléguerons nos Représentants dans toutes les Paroisses, pour un contrôle en vue d'une confirmation, avant de mettre leurs divers apparats.
Ceux-là qui étaient oints l'année passée ne doivent pas venir prendre l'onction cette année.
Ne seront autorisés à être oints, que tous les promus dont les noms figurent sur la liste des onctions, certifiée par le Comité Paroissial et le Chargé Paroissial ; la liste des promus à l'onction sera amenée au Siège International pour une inspection complète ; toute liste d'onction ne remplissant pas les conditions demandées et établies, sera invalidée.

Avant d'envoyer la liste des onctions au Siège International de Ketu, les autorités suivantes devront la signer, il s'agit du Secrétaire Général, Président Paroissial, Trésorier Général et du Chargé Paroissial

Toutes les Paroisses qui doivent les deniers de culte, les parts Pastorales mensuelles (Part du Siège International) ne doivent pas programmer et proposer leurs fidèles ou devanciers pour les onctions.
Il est conseillé d'observer 3 jours de purification fermes avant de recevoir l'onction (Exode 19:10-11; Exode 19:14-15). Vous devez prier pour le pardon des péchés et la force et la puissance spirituelle. Encore une fois, purifiez-vous donc vous-mêmes.

Tous ceux qui n'ont pas encore payé leur carnet chrétien et leur denier du Culte, doivent le faire avant de prendre l'onction.
Il est nécessaire que tous les Chrétiens Célestes possèdent une copie de la Constitution Bleue de l'Église du Christianisme Céleste dans laquelle vous serez éclairés sur les lois, règlements et la doctrine de l'Église du Christianisme Céleste et sa situation.
N'allez pas à l'encontre des lois établies et n'exercez aucune activité allant contre votre Pays ni contre le monde entier ; ne commettez pas l'adultère, ne tuez pas, ne gardez pas rancune et n'utilisez pas la ruse contre votre prochain.
Prenez garde, ne dites aucun mal d'autres dénominations Religieuses parce que seul l'Eternel Dieu des Armées connaît tous. Cependant, soyez rempli du Saint Esprit de l'Eternel Dieu, qui surmonte toutes choses (Galates 5:22-23).

L'Église Chrétienne Céleste est une Église authentiquement africaine mais à vocation universelle, sans obédience extérieure, c'est à dire ne dépendant d'aucune église mère d'origine européenne, américaine, ou asiatique etc. Elle est née à Porto-Novo au BENIN par la puissance du Saint Esprit agissant par l'intermédiaire du Révérend Pasteur, Prophète Fondateur J.S.B. OSCHOFFA.
L'Église Chrétienne Céleste est apolitique, en conséquence, comme le recommande expressément Christ dans Romain 13 et Tite 3, tous les fidèles de l'Église doivent être soumis aux Autorités en place et prier constamment pour que la paix du Seigneur et la prospérité règnent dans le pays.

Les dons spirituels étant gratuitement reçus du Saint Esprit, il est interdit à tous les fidèles de l'Église du Christianisme Céleste de faire des travaux spirituels (Prière pour la guérison, sanctification des bougies, au savon etc..) à titre onéreux. Ils doivent s'abstenir de réclamer de l'argent soit à ceux qui recourent aux œuvres spirituelles soit en passant de maison en maison sous peine de sanctions graves pouvant même aller jusqu'aux poursuites judiciaires.

L'adultère est formellement interdit dans l'Église du Christianisme Céleste et les délits d'adultère, comme il est souligné à l'Article 93, alinéa 11 de la Constitution Bleue est prévu et puni pour décourager à jamais toute velléité en la matière.

Aucun fidèle, quel que soit son grade et quel que soit son pays d'origine ne peut être reçu dans chaque pays où l'Eglise du Christianisme Céleste est implantée et prétendre y exercer un ministère spirituel en tant que responsable s'il n'est porteur d'une autorisation expresse signée du Révérend Pasteur.

De même, aucun fidèle de chaque pays où l'Eglise du Christianisme Céleste est implantée ne doit anarchiquement se rendre chez le Pasteur sans l'autorisation expresse de leurs autorités diocésaines.

Toute ouverture anarchique de paroisse Chrétienne Céleste dans chaque pays où l'Eglise du Christianisme Céleste est implantée est formellement interdite : toute ouverture de paroisse doit nécessiter l'autorisation expresse du Révérend Pasteur suivant l'avis favorable de l'Église du Christianisme Céleste dans le Diocèse.

Ces spéculations de toute nature sont systématiquement interdites dans chaque pays où l'Eglise du Christianisme Céleste est implantée comme dans toutes les paroisses de l'Église Chrétienne Céleste, En particulier, les ventes de bougies, huile sainte et encens relèvent exclusivement de la compétence des Évangélistes consacrés en charge.

Nous n'avons pas beaucoup à dire aujourd'hui ; mais le moindre qu'on puisse dire est que je prie l'Eternel Dieu Tout Puissant, de vous soutenir, de vous fructifier dans tous les aspects de votre vie, au nom du Christ.

Dans la lecture du jour (Genèse 6), nous nous contenterons du verset 22 qui dit : "C'est ce que fit Noé : il exécuta tout ce que Dieu lui avait ordonné". Ce verset est un indicateur de temps divin. Le temps du labourage, le temps de la semence (planter) et le temps de moissonner (récolter) ; le temps de la pluie et le temps de l'harmattan (la saison sèche) ; le temps du jour et le temps de la nuit.

Dans le livre d'Ecclésiaste 3:3-9 on note tout d'abord qu'il y a un temps pour naître et un temps pour mourir etc. C'est à dire que chaque étape de la vie est conditionnée par le cycle du temps défini par l'Eternel Dieu Tout Puissant. Le monde en soi est un cycle du temps.
Imeko, une Cité (Ville) Céleste ayant émergé en un instant. Lorsque nous voulions de ce site, sur injonction divine, nous nous sommes rendus auprès des instances gouvernementales de l'Etat d'Ogun (Ogun State), en vue de leur soumettre ce site, Imeko, en tant que notre lieu de convergence; il était loin d'imaginer ce qui avait été prophétisé depuis 46 ans (quarante-six ans) environ. Cette prophétie confirme et atteste que l'Eglise du Christianisme Céleste a été envoyée par l'Eternel Dieu.
Chacun sait où il est né; notre Seigneur et Sauveur Jésus Christ est né à Bethlehem, en Judée, et fut présenté à Jérusalem où il exerçait sa mission divine. Donc cet endroit, Imeko, s'appellera Jérusalem; Gloire soit rendue à l'Eternel Dieu, Alléluia!
Tous les fidèles sont priés de se conformer au règlement intérieur et aux dispositions additives présentes sous peine de sanctions graves pouvant aller de la simple suspension à l'exclusion définitive par le Révérend Pasteur sur proposition du Comité Paroissial et du Conseil de Discipline de chaque pays où l'Eglise du Christianisme Céleste est implantée.
Point de peur du lendemain: tout est prévu en ce qui concerne l'avenir du Christianisme Céleste, aucune inquiétude donc après ma mort! Réjouissez-vous plutôt.
« Que la paix et la Charité avec la foi vous soient données de la part de l'Eternel Dieu le Père et du Seigneur Jésus-Christ ! Que la grâce soit avec tous ceux qui aiment notre Seigneur Jésus-Christ d'un amour inaltérable ! » (Ephésiens 6 : 23-24).

Révérend Samuel Bilewou Joseph OSCHOFFA
Prophète Pasteur et Fondateur de l'Église du Christianisme Céleste Mondiale.

IV- JUSTIFICATIONS BIBLIQUES DE LA DOCTRINE ET DES PRECEPTES DE L'EGLISE DU CHRISTIANISME CELESTE

Deutéronome 4:4-9: Deutéronome 30:15-20: Matthieu 5:17-20:1 Corinthiens2:9-16

NOM DE L'EGLISE DU CHRISTIANISME CELESTE : Le Nom de l'Eglise en Arc-en-Ciel: Apocalypse 4:2-3 Article 1 Article 3 et Article 92/Constitution Bleue.

LOGO DE L'EGLISE DU CHRISTIANISME CELESTE : L'Arc-en-Ciel: Genèse 9:13L'œil: Job 34:21 ; 2 Chroniques 16:9
La Couronne: Apocalypse 2:10La Croix: Matthieu 16:28; 1 Corinthiens 1:18,

SIGNIFICATION DU SIGLE JHS (Jean 14:1)
J = Jésus H= Homme S = Sauveur

SIGNIFICATION DE LA CLE DE PRIERE CHRETIENNE CELESTE

Pourquoi les Noms clés:
Jéhovah: Exode 6:3
Jésus Christ: Jean14:13
Saint Michel: Daniel12:1; Apocalypse 12:7-8

SIGNIFICATION D'ALLELUIA

Alléluia (cantique de victoire): Apocalypse 19:1-4 Article 86/Constitution Bleue.

EAU SANCTIFIÉE (Eau Bénite)
Exode 30:17-21 Nombres 8:6-7 Ezéchiel 36:24-27 Hébreux9:14 Hébreux 10:22

BAINS DE SANCTIFICATION
(Après une souillure ou une impureté quelconque) Lévitique 15:1-33

BAIN DE SANTIFICATION APRES LA PERIODE DE FLUX MENSTRUEL DES FEMMES
Lévitique   12:2-7;   Lévitique15:18-19 Luc2:22-23
Article 93 alinéa 8/Constitution Bleue.

SANCTIFICATION AVANT D'ENTREPRENDRE LES OEUVRES DE L'ETERNEL
Exode 19:10-20 1 Samuel 21:4-1 1 Corinthiens 7:5

S A N C T I F I C A T I O N   DU CONDUCTEUR DU CULTE
Exode 29:42-46 Lévitique 10:3

BOUGIES BLANCHES UNIQUEMENT
Exode 31:10-11; Exode 40:24-25; Exode
37-23 Nombres 8:1-4 Zachane4:2 Apocalypse 1:4; Apocalypse 1:20; Apocalypse 12:20; Apocalypse4:5
Article 93 alinéa 1Q/Constitution Bleue.

BOUGIES ALLUMEES SUR LE CHANDELIER
Exode 27:20 Lévitique24:4

ROBE BLANCHE (Soutane)
Exode 29:5 Lévitique :16:4
Daniel 10:5
Matthieu 17:1-2; Matthieu 28:2-3
Marc 9:2-3
Apocalypse 3:4; Apocalypse 7:9; Apocalypse 7:13

LA SANGLE
Exode 29:9 Lévitique 16:14 2 Rois 4:29 Jérémie 13:4-11 Daniel 10:5 Psaumes 109:19 Matthieu 3:4
Luc 12:35 Jean 21:8 Actes 21:11 Apocalypse 1:12-13

PORT DE SANGLE
Nombres 15:37-41 Ezéchiel16:8

CEREMONIE DE PORT DE SANGLE
Exode 29:4-9
Lévitique 8:4-9 Nombres 15:37-41

HUILE SAINTE
Exode 30:31
Lévitique 24:1
1 Samuel 10:1; 1 Samuel 16:12-13
Ecclésiastique 9:8
Matthieu 3:4; Matthieu 26:6
Marc 6:13
Luc12:35
Jacques5:14-15

L'ONCTION
Exode 28:41; Exode 29:7; Exode 30:30 Nombres 11:16-17 Jean 2:20 Actes 10:38 Colossiens 1:21 1
Jean2:27

ENCENS
Exode 30:8-9; Exode 31:11;
Exode 40:5
Lévitique 2:15
Malachie1:11
Luc1:9-11
Apocalypse 5:8;
Apocalypse 8:3-4

ADORATION EN SE PROSTERNANT
Genèse 18:2
Exode4:31
Apocalypse 4:9-11
Article 65/Constitution Bleue

ADORATION EN ELEVANT LES MAINS ET PROSTERNATION
Néhémie8:6 Psaumes 134:2-3

SAINT! SAINT! SAINT EST L'ETERNEL DIEU DES ARMEES

PRIERE OU DANS LES LIEUS SAINTS ET/OU DE CULTE A L'ETERNEL DIEU
Exode 3:5 .
Josué5:15
Actes 7:33
Article 193, alinéa 6/Constitution Bleue.

DECHAUSSEMENT QUAND ON SE CONSACRE ET ON DEVIÉNT ASSISTANT ÉVANGELISTE.
EVANGELISTE ETC

Exode 3:5
Deutéronome 11:24-25
Josué 1:3; Josué5:13-15; Josué 14:9

Matthieu 10:9-10
Luc22.35
Article 116/Constitution Bleue

INTERDICTION DE CONSOMMER LES BOISSONS ALCOOLISEES ET ENIVRANTES

Genèse 9:20-25;

Lévitique 10:8-11

Nombres 6:1-4
Proverbes 20:1 ; Proverbes 23:20-21;
Osée 4:11
Esaïe 5:11 ; Esaïe 5:22; Esaïe28:7-8; Jérémie25:15-27
Matthieu 26:29
Luc1:15
Article 93 alinéa 3/Constitution Bleue

INTERDICTION DE CONSOMMER LE TABAC OU LA DROGUE

Genèse 1:29-31
Article 93 alinéa 2/Constitution Bleue.

INTERDICTION DE PRATIQUER OU DE CROIRE AUX FETICHES, A LA SORCELLERIE, A LA MAGIE, OU D'ADHERER AUX SOCIETES SECRETES

2 Rois 1:1-4

Exode 20:3
Article 93 Alinéa 1 et Article 103/Constitution Bleue.

INTERDICTION D'INTRODUIRE LES MORTS DANS LE TEMPLE
Ezéchiel 43:7-9;
Esaïe 6:2-3
Apocalypse 4:8

CULTE DE SORTIE D'ENFANT
Genèse 17:12 Lévitique12:3 Esaïe 7:14 Matthieu 1:21 Luc 2:21; Luc 1:31

CULTE D'ACTION DE GRACE DU 41ème JOUR APRES LA SORTIE D'ENFANT
Lévitique 12:6-8
Luc 2:22-24

LAVEMENTDE PIEDS   '
Jean 13:5-17
Article 99 alinéa c/Constitution Bleue
BAPTEME
Marc 16:16
Actes 19:1-6
Article 99 alinéa a/Constitution Bleue

SAINTE CENE (COMMUNION)
Luc22:14-20
Article 99 alinéa b/Constitution Bleue

INTERDICTION DE L'ADULTERE ET DE LA FORNICATION
Exode 20:14
Matthieu 5:27-28
Article 93, alinéa 11/Constitution Bleue.

INTERDICTION DU SACERDOCE AUX FEMMES ET DE TOUT CONTACT AVEC L'AUTEL OU LE PUPITRE DE LECTURE BIBLIQUE ET LA CHAIR DE PREDICATION DANS LE TEMPLE

1 Corinthiens 14:34 1Timothée2:12 Article 190 et Article 1 alinéa 9/Constitution Bleue.

INTERDICTION DE PORTER LES CHAUSSURES EN SOUTANE,

LES RAMEAUX Jean 12:12-13 Apocalypse 7:9

CULTE DU PREMIER JEUDI DU MOIS Esaïe 66:23 Ezéchiel46:1-3

INTERDICTION DES BIJOUX ET DU MAQUILLAGE EXTRAVAGANTS EN SOUTANE ET PENDANT LES CULTES 1Pierre 3:3-6 I Timothée 2:9-10

LES ANGES

Les anges jouent un rôle capital sur le plan spirituel, au ciel et sur la terre. Créés du feu et du souffle de vie: Hébreux 1:7;   ils sont essentiellement des messagers et serviteurs de Dieu et du Seigneur Jésus Christ. Psaumes 104:4.Genèse1:26 Faisons L'Homme à notre image... (Les anges étaient avec Dieu).

Quant à l'importance des anges chez le Seigneur Jésus Christ voir Matthieu 4:11; 13:40-41 ; 24:31. Contrairement aux idées erronées des sceptiques, nous, Chrétiens Célestes, n'adorons pas les anges, Apocalypse 19:9-10; mais nous les situons dans leur propre position.
On ne peut pas les ignorer, étant donné que la Bible ne les a pas ignorés. Apocalypse 22:8-9.
Article 26/Constitution Bleue.

BUT DE LA CHORALE CHRETIENNE CELESTE

La Chorale a pour but de CELEBRER et LOUER l'ÉTERNEL DIEU, de GLORIFIER LE ROI DE GLOIRE et d'ADORER L'ETERNEL DIEU DES ARMEES: 2CHRONIQUES 5:12-14 PSAUMES 146; 147; 148; 149et150
APOCALYPSE4:8-11.
Article 91/Constitution Bleue.

ROLE DE LA CHORALE CHRETIENNE CELESTE

La Chorale a plusieurs rôles dans l'Église du Christianisme Céleste dont les sept (7) principaux et cardinaux sont:
-L'EDUCATION
-L'EVANGELISATION
-L'INVOCATION
-L'ADORATION
-LA LOUANGE
DEUTERONOME32:1-52
DEUTERONOME 32:1-52
 ARTICLE 87 CONSTITUTION BLEUE
ART.88/CB; JEAN 4:23-24; APOC.4:8-11
1CHRONIQUES 15:16/15:26-28
- LA GUERISON MIRACULEUSE : 1 SAMUEL 16:14-17/22-23
-L'ACTION DE GRACE: 1 CHRONIQUES 15:16/LUC 1:46-55

MUSIQUE DANS LA CHORALE (normalisée et solfiée par le S/Ev. YANSUNNU. A. Nathaniel)

*LA MUSIQUE CONTRIBUE AUSSI A LA GUERISON MIRACULEUSE: 1Samuel16:14-23;1Chroniques 15:16; 1Chroniques25:6

LA TROMPETTE : SA NECESSITE, SON IMPACT ET SON AUTORITE

Nombres 10:1-10;
2Chroniques 13:2; 2Chroniques 29:26-29; 2 Chroniques 5:12-15.

Il est essentiel d'adorer l'Eternel Dieu des Armées:
Exode 34:8
Néhémie8:6
Psaumes 99:5 '
Matthieu 4:10
1 Corinthiens 14:25
Apocalypse 5:13-14; Apocalypse 11:7; Apocalypse 14:7; Apocalypse 22:9

INTERDICTION DE PORTER LES HABITS ROUGES OU/ET NOIRS
Esaïe 63:2-5
Apocalypse 6:12; Apocalypse 19:12-13

OBLIGATION DE CELEBRER LA FETE DES MOISSONS JUVENILES ET LA GRANDE FETE DES MOISSONS

Genèse 8:22
Exode23:14-17
Lévitique 23:10
Deutéronome 14:22-26; Deutéronome 16:10-16;
1 Samuel 2:29-30; 1 Samuel 9:3
Matthieu 13:36-40
Jean 4:34
Apocalypse 14:15

NECESSITE D'OBSERVER LA SECURITE OU LE COUVENT REVELE PAR LE SAINT ESPRIT

Genèse20:1-9;Genèse;Genèse21:15-21 Deutéronome4:41-43; Deutéronome 19:1-7 Josué20:1-6
Esaïe 26:20 Matthieu 2:13-15

V - PRESENTATION DE L'ORDRE DE CULTE

1- Présentation de l'autel

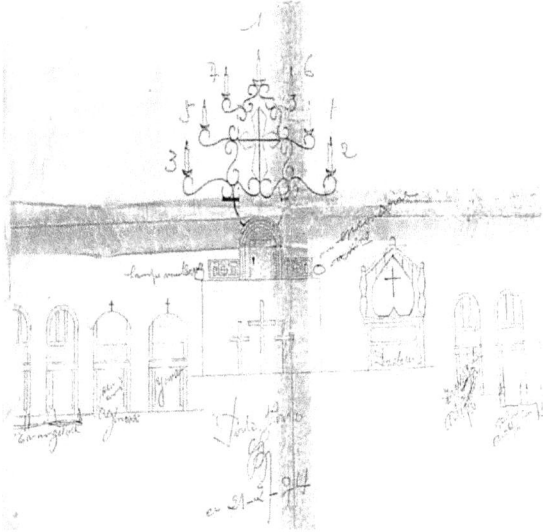

ÉGLISE DU CHRISTIANISME CÉLESTE

SIÈGE PORTO-NOVO
B. P. 180

ORDRE

DES CULTES ET DES CEREMONIES

TABLE DES MATIERES

CULTE DU VENDREDI A 13 HEURES AU JARDIN DE PRIERE

1.   Ce culte est destiné à tous les membres de l'Eglise

   – Les fidèles se rassemblent au lieu sacre, en soutane
   – L'on encense toute la place sainte
   – Le conducteur à l'autèl

2.   **CHANT**
   – Gloria
   – Il sonne 3 fois la clochette. Les fidèles répondent
      Saint, Saint est le SEIGNEUR DES ARMÉES
      (3 fois de suite)
   – EYIBA (3 fois) PS. 51 – GLORIA.
   – Prière: remission des péchés et sanctification.
   – Réciter: NOTRE PERE QUI ÊTES AUX CIEUX.

3.   CHANT
   – Prière d'action de grâce, de force du Saint Esprit
      et avancement de l'Eglise.

4.   CHANT
   – Prière de 3 personnes: deux hommes et une femme
   – force du Saint Esprit
   – Combat pour toute l'Eglise
   – Bénéfictions divines

5.   CHANT
   – Prière en silence
   – Prière sur la prière en silence

6.   ACTION DE GRACE

1

7. CHANT
   — Prière de cloture de culte par une devancière ou bien par tous les fidèles sans exception pour l'avancement de l'Eglise.

8. Bénefiction par le Pasteur ou à défaut par un dévancier (celui qui à plus de grade).

CULTE DU MATIN (06 heures)

1. Tous les fidèles se mettent à genoux. Le conducteur sonne trois fois la clochette. A chaque sonnerie, tout le monde rend gloire à l'Eternel en distant: SAINT — SAINT — SAINT est le SEIGNEUR des Armées (A faire 3 fois de suite).

   Prière de la remission des pêches et celle de la sanctification par le conducteur.

   Récitation de: — Notre PERE QUI ETES AUX CIEUX

2. Chant — Prière d'action de grâce, de force du Saint Esprit et de la santé par le conducteur.

3. Chant — Prière d'une personne (parmi les fidèles)

4(a) Chant — Prière en silence au niveau de tout le monde
 (b) Prière du conducteur sur la prière en silence

5. Chant et dernière prière parmi les fidèles (par une devancière — ou prière d'ensemble).

6. Réciter ensemble — NOTRE PERE QUI ETES AUX CIEUX

7. ALLELUIA — 7 fois (dans la direction de l'autel)

2

NOTRE   PÈRE

Notre père qui êtes aux cieux, que votre nom soit sanctifié, que votre règne arrive, que votre volonté soit faite sur la terre comme au ciel. Donnez-nous aujourd'hui notre pain quotidien, pardonnez-nous nos offences comme nous pardonnons, à ceux qui nous ont offencé, ne nous induisez pas dans la tentation, mais délivrez nous du mal, car c'est à toi qu' appartiennent le règne, la puissance, et la gloire, dans tous les siècles des siècles.

Amen.

JE CROIS EN DIEU

Je crois en Dieu le père Tout Puissant créateur du ciel et de la terre, et en Jesus Christ son fils unique notre Seigneur qui a été conçu du Saint Esprit, est né de la Vierge Maire, a souffert sous Ponce Pilate, a été crucifié, est mort et a été enseveli, il est decendu aux enferts, le troisième jour, et est ressuscité des morts, il est monté aux cieux et est assis à la droite de Dieu le Père Tout Puissant d'où il viendra jugé les vivants et les morts.

Je crois au Saint Esprit, la Saint EGLISE du CHRISTIANISME CELESTE, la communion des Saints, la rémission des péches, la resurrection de la chair, la vie eternelle.

Amen.

CULTE DE POSE DE LA PREMIÈRE PIERRE D'UNE EGLISE

1.Chant: *Eko rin ke gbe orin soké*—Psaume 51 Eyiba 3 fois, et 24. Prière pour rémission des péchés et de sanctifica-tion. (Notre Père........)

3

2.Chant: *Oye wa ka fope fun Oba Oluwa*—Psaume 100 Adura Opé.

3.Chant: *Miwazon na lèwe gbigbo miton ton*—Prière de 3 personnes.

4.Lecture biblique, 1ˣ Chronique 22.

5.Annonces.

6.Anthem—Quête.

7.Cérémonie de pose de la première pierre de l'Eglise.

8.Chant: *Egbe orin yin soke ani eyin enu ona.*

9.Prière des coins de la maison avec la pose de la pierre. *Eli Him Jah (3 fois)* Zacharie 6 : 12 à 15.

10.Réception des offrandes des invités.

11.Prière de clôture Demande de biens corporels et spirituels

CULTE DU DIMANCHE MATIN (10 heures)

1. Prière dans la cour avant d'entrer à l'Eglise (Facultative):

2. Chant de procession de la cour à l'Eglise (le Choeur en tête) *Yara Sara..... Yara Samata.........*

3. Rencontre et encensement des fidèles à la porte d'entrée et allumage des bougies de l'Autel par l'encenseur.

4. Entrée du Conducteur à l'Autel (l'encenseur sort de l'Autel).

5. Chant à genou *(Yaraman / Yaraman)*

6. Le conducteur sonne trois fois la clochette, à chaque sonnerie il dit: Saint-Saint-Saint est le Seigneur des armées, que les fidèles repètent après lui (A faire 3 fois de suite).

7. Le Conducteur entonne: (Eyiba) 3 fois, les fidèles

4

lui repondent chaque fois: Saint-Saint-Saint. Il récite les Psaumes 51 pour la rémission des péchés et 24, les fidèles repètent avec lui. Le choeur entonne le Gloria; à défaut du choeur, le Conducteur.

Prière pour le pardon des péchés après quoi le Conducteur récite le *Notre Père qui êtes aux cieux.*

8. Chant à entonner par le choeur, ou à défaut par le Conducteur.

9. Le Conducteur prononce le Saint nom: Elie Yah (3 fois). Il récite le Psaume 27-1 ou 136 au choix.– Il dit ensuite la prière d'action de grâce et celle demandant la Force du Saint-Esprit.

10. Chant à entonner par le choeur ou à défaut par le Conducteur.

11. Le Conducteur prononce le Saint nom: *Jehovah Lass* (3 fois). Il récite le Psaume 72. Il demande la prière de trois (3) personnes dans les conditions suivantes: La première personne prie pour demander la Force du Saint-Esprit et l'avancement de l'Eglise. La 2e personne prie pour le combat de l'Eglise, pour le pays et les familles des membres de l'Eglise. La 3e personne prie pour demander les bénédictions divines.

12. Chant à entonner par le choeur ou à défaut par le Conducteur.

13. Prière en silence. Le Conducteur prononce le Saint nom: *Elie-Bamah Yaba* (3 fois) puis il récite le Psaume 20 et fait une prière.

14. Chanson à entonner par le choeur ou à défaut par le Conducteur après cette chanson, le Conducteur quitte l'Autel, les fidèles restent assis.

15. Première lecture biblique du jour par le Lecteur: un fidèle confirme. Après la lecture:–Gloria–entonné par le choeur ou à défaut par le Conducteur.

16. Chant à entonner par le choeur ou à défaut par le Conducteur.

5

17. Deuxième lecture biblique du jour par le Lecteur
    Gloria—par le choeur ou le Conducteur.
18. Chant à entonner par le choeur ou à défaut par le
    Conducteur.
19. Les annonces - A faire par le Secrétaire.
20. Credo (je crois en Dieu) à dire ensemble par tous les
    membres.
21. Prière à faire spontanement par le Prédicateur,
    ensuite la Prédication.
22. Prière en silence après la prédication par tous les
    fidèles: séance d'introspection permettant à chacun
    de mieux s'imprégner des paroles de la prédication.
23. Quête - avec chanson *(dona no we O Kluno)* ou
    autres. La quête terminée, prière spontanée par le
    Conducteur demandant bonheur et prospérité pour
    tous.
24. Actions de grâce - A présenter par les personnes désireuses de remercier l'Eternel pour des bienfaits determinés.
25. Dernière chanson à entonner par le choeur ou à
    défaut par le Conducteur.
26. Dernière prière à dire par *(Yaman)* ou une autre
    femme devancière en cas d'absence.
27. Bénédiction à donner par le Pasteur Prophète, ou en
    cas d'absence par un devancier.
28. *Alleluia* à entonner 7 fois en direction de chacun des
    4 points cardinaux.
29. Sortie de l'Eglise - le choeur en tête.
30. Chant de l'Eglise à la cour *(Jérimo Yamanh ou
    autre)* entonné par le choeur ou à défaut par le Conducteur.
31. Prière finale de clôture du culte avec bénédiction
    dans la cour par un fidèle.

6

32. *Alleluia* à entonner 7 fois en directon de chacun des 4 points cardinaux.

Dispersion

CULTE DU SOIR (19 h. 30)

(Dimanche—Mercredi—Vendredi)

1. Prière dans la cour avant d'entrer à l'Eglise (Facultative).
2. Chant de procession, de la cour à l'Eglise (le choeur en tête). *Yara Sara...... Yara Samata,.......*
3. Rencontre et encensement des fidèles à la porte d'entrée et allumage des bougies de l'Autel par l'encenseur.
4. Entrée du Conducteur à l'Autel (l'encenseur sort de l'Autel).
5. Chant à genou *(Yaraman / Yaraman)*
6. Le Conducteur sonne trois fois la clochette, et à chaque sonnerie il dit : Saint—Saint—Saint est le Seigneur des armées ce que les fidèles repètent après lui. (3 fois de suite).
7. Le Conducteur entonne: (Eyiba) (3 fois) et les fidèles repondent Saint (3 fois). Il récite le Psaume 51 que les fidèles repètent après lui; à la fin du Psaume, le choeur entonne le Gloria, à défaut, le Conducteur. Ce dernier fait une prière spontanée pour le pardon des péchés après quoi on récite ensemble (Notre Père qui êtes aux cieux).
8. Chant: entonné par le choeur ou à défaut par le Conducteur.
9. Prière: faite spontanement par le Conducteur.
10. Chant: entonné par le choeur ou à défaut par le Conducteur.

7

11. Le Conducteur demande la prière d'une personne selon le guide du Saint-Esprit.

12. Chant: entonné par le choeur ou à défaut par le Conducteur.

13. Prière en silence. Le Conducteur la termine par une courte prière.

14. Chant: entonné par le choeur ou à défaut le Conducteur.

15 Lecture biblique faite par un Lecteur après quoi le choeur entonne le Gloria. A défaut du choeur, le Conducteur.

16. Les annonces faites par le Secrétaire.-

17. Credo (Je crois en Dieu) à réciter ensemble par tous les fidèles.

18. Prière à faire spontanement par le Prédicateur avant sa prédication.

19. Prière en silence après la prédication par tous les fidèles: séance d'introspection permettant à chacun de s'imprégner des paroles de la prédication.

20. Quête avec chanson: *(Donanowe Okluno)* ou autres prières sur les dons par le Conducteur.

21. Dernière chanson: entonnée par le choeur par le choeur ou à défaut par le Conducteur.

22. Dernière prière: faite par *Yamanh* ou à défaut par une autre devancière.

23. Bénédiction à donner par le Pasi Prophète ou en cas d'absence par un devancier.

24. *Alleluia* à entonner 7 fois.

25. Sortie de l'Eglise—Le choeur en tête.

26. Chant de l'Eglise à la cour *(Jerimo Yama)* : entonné par le choeur ou à défaut par le Conducteur.

27. Prières finales de clôture avec bénédiction: dans la cour, par un fidèle.

8

28. *Alleluia* 7 fois.

CEREMONIES DE LA FETE DES RAMEAUX ET DE LA SEMAINE SAINTE

1. Le Samedi, jour précèdent: Dimanche des rameaux un devancier et une devancière de chaque paroisse de l'Eglise du Christianisme Céleste doivent se rendre sur la paroisse Mère de PORTO-NOVO. Dès lors ils y feront laver leurs pieds comme il est enseigné dans le livre de Jean (John 13:1—17).

2. Le Dimanche matin, lors du culte, seuls les devanciers venus des autres paroisses s'agenouillent devant le Pasteur pour recevoir la force du Saint-Esprit par la prière comme le livre de Moise dit: Nombres 11:16—17.

   Apres la priere du Pasteur, ces devanciers communient. recevant ainsi le droit et la force de donner la saints communion aux fidèles de leurs paroisses respectives.

3. Le lendemain de la fete des rameaux (Lundi Saint inclusivement) commence la semaine sainte.

   Pour ce faire, dans l'Eglise du Christianisme Céleste, l'on compte sept (7) jours de carême, jours rappelant la souffrance du CHRIST sur la croix. Tous les soirs de la semaine sainte, les membres de chaque paroisse assistant aux cultes avec des fruits. Ils les mangeront après le culte.

9

Les, membres communient le jeudi saint comme il est indique dans le livre de Moise: Nombres 11:16 et 17 — 24 et 25.

Pour cela, le devancier homme designe de chaque paroisse choisit des devanciers qui procèdent au lavement des pieds des fidèles hommes, et des devancières qui procèdent également au lavement des pieds des femmes. Ensuite, commence le culte du jeudi saint à partir de 22 heures.

Quand il sonne minuit, le devancier qui communie a la paroisse mère de Porto-Novo, se charge de donner la Sainte Communion aux autres membres. Après cette occasion, le devancier n'a plus le droit de donner la communion sauf dans un an si le Pasteur le lui renouvelle.

Le vendredi saint, il y a deux cultes dans la soiree: le culte de 16 heures pour la mort de notre Seigneur JESUS-CHRIST sur la croix (Evangile selon St. MATH. 27:32 à 61 en deux lectures)

Le culte de 19 heures 30 pour rappeler la Passion de NOTRE SEIGNEUR JESUS-CHRIST (Evangile selon St. MATH. 27:1-31 en deux lectures)

Le samedi Saint, le culte de nuit a 1 heure du matin (Evangile selon St. MATH. 27 du verset 62 a 66.

10

Après le culte, tous les membres passent la nuit à l'Eglise. afin de pouvoir se rendre au cimetière à l'aube à la rencontre de JESUS-CHRIST resuscite. Le retour du cimetière est joyeusement fait en cortège.

7. Le dimanche de Pâques, c'est le culte du dimanche. Mais le lundi de Pâques tous les membres vont à la rencohtre de notre SEIGNEUR JESUS-CHRIST en GALLILEE (quartier Attakè) à 06 heures du matin. Dans l'après midi à 16 heures, toute l'Eglise s'accorde unanimement un dîner collectif. Ainsi prennent fin les manifestations pascales..

CULTE POUR LA CIRCONCISION DU NOUVEAU-NE

(Sortie de l'enfant 8e jour)

Le nouveau-né est amené à l'Eglise accompagné de ses parents avec sept différentes sortes de fruits: de sel, du sel, du miel, de l'eau et un paquet de bougies. .

Dans le plateau special à 7 bougies, on en allume 3 pour rencontrer le nouveau-né devant la porte de l'Eglise. Le Conducteur l'asperge d'eau bénite, fait une prière de sanctification et l'encense devant le portail.

Le Conducteur en tête fait rentrer le nouveau-né à l'Eglise en entonnant une chanson: *(Dagbé de na Oklunọ wa na mi be gbèto sigan wa)* et fait 7 tours dans l'Eglise ayant 3 bougies allumées dans le plateau. Après cette procession, les membres rejoignent leurs places respectives dans les bancs, le Conducteur allume les quatre bougies restantes du plateau. Le Conducteur (avec le nouveau-né porté par une devancière) reste en place au milieu de l'Eglise face à l'Autel, où il commence la conduite.

11

CONDUITE

1. Prière pour demander le pardon des péchés: Eyiba 3 fois, les assistants répondent Saint 3 fois. Psaume 51–*Gloria–(Elie Yah)* 3 fois–Psaume 128. Prière pour le pardon des pechés et d'action de grâce–Notre Père qui êtes aux cieux............

2. Le Conducteur ou le choeur entonne une chanson d'allégresse.

3. *Jerimo Yaman* (3 fois). Psaume 113–Priere de 3 personnes de prospérité–de sagesse–de longevité (à préciser par le Conducteur).

4. Chant–au choix du Conducteur.

5. Le Conducteur fait face au nouveau-né et dit: Jehovah Jiré (3 fois). Il lit l'Evangile selon Luc, chapitre 2, verset 21 à 32.

6. Chant–au choix du Conducteur.

7. *Jehovah Jecorami* (3 fois) Deutoronome, chapitre 28, verset 1 à 14.

8. Prière de 7 personnes ensemble pour le nouveau-né.

9. Le Conducteur prénomme le nouveau-né. Il trempe le doigt dans l'eau, le porte à la bouche du nouveau-né, répète ce geste 3 fois. Il en fait de même pour miel et le sel. Il prie pour le nouveau-né.

10. Dernière priere pour l'enfant par le Conducteur.

11. Bénédiction de l'enfant par le Conducteur.

12. *Alleluia* (7 fois).

13. Les membres présents et les assistants goûtent le sel et le miel et on leur distribue les fruits.

F I N

LA VOIE DU MARIAGE DANS L'EGLISE DU CHRISTIANISME CELESTE

(Union de l'Epouse et de l'Epoux)

Le père et la mère de la future épouse mettant leur

12

fille entre les mains du futur beau-père font la prière suivante:

(Par suite de l'amour qui unit les jeunes époux, nous donnons en mariage notre fille X à votre fils X; que l'Eternel les bénisse).

2. *Réponse des parents du jeune époux*– Nous vous remercions de l'amour que vous nous avez temoigné en acceptant de donner en mariage votre fille à notre enfant X dans ce lieu saint. Que l'Eternel daigne bénir leur union– *Amen.*

3. Le père et la mère du jeune époux confient les futurs mariés à deux époux de leur choix pour être parrain et marraine (choisir parmi les devanciers) afin de les assister pendant leurs difficultés. Les deux parents du jeune époux adressent aux parrain et marraine la parole suivante: Chers parrain et marraine en Esprit et en Christ, nous vous avons confiés la vie spirituelle de ces jeunes époux, soyez leur soutien, leurs conseillers dans leur vie conjugale et que l'Eternel leur donne des enfants jusqu'à laquatrième génération–*Amen.*

4. Les parrain et marraine confient les deux époux au dévancier célébrant les cérémonies du mariage en disant: Nous remettons entre vos mains les deux jeunes époux avant leur union devant l'Eternel par le Culte de sanctification et d'union.

ORDRE DU CULTE DU MARIAGE

1. Chant.
2. Psaumes 51 et 24–Prière pour rémission des péchés et sanctification.

. 13

3. L'épouse se présente au Conducteur du culte en présence des membres.
4. Chant.
5. Prière de trois personnes.
6. Chant.
7. Première leçon—Génèse chapitre 24, verset 50 à 60.
8. Chant.
9. 2ⁱᵉ leçon. Epitre de Saint Paul aux Ephésiens, chapitre 5, verset 15 à 33.
10. Annonces.
11. Courte prédiction.
12. Présentation de l'Epoux et de l'Epouse devant l'Autel pour leur bénédiction.
13. Communion.
14. Chant et quête.
15. Prière sur la quête.
16. Dernière chanson.
17. Dernière prière.
18. Bénédiction.
N.B. *Après ce culte: Les membres, les parrain et marraine signent conjointement avec les jeunes époux le registre de mariage.*

F I N

LES CEREMONIES D'ENTERREMENT

S'il y a un décès, il faut installer le corps au milieu de deux bougies allumées, l'une au chevet. l'autre au

14

pied. Après cette installation, un devancier entonne un cantique de mort. On asperge aussi d'eau bénite et embaume d'encens.

Suit alors une prière sur le corps et on ferme le cercueil. Le cortège forme, on s'achemine vers le cimetière, la croix en tête, l'encenseur à droite et le porteur d'eau benite à gauche: suivent Pasteur, Evangelistes, Seniors-Leaders, Leaders, Wolileaders, Wolidjahs ou un devancier, puis vient le choeur. Les fidèles en tenue de prière encadrent le corps de gauche à droite. Les chansons funèbres accompagnent le corps à sa dernière demeure.

Arrive près de 200 mètres du cimetière, on entonne la chanson suivante: Awaja ninu ayé (3 fois) devant le cimetière, le Pasteur, l'Evangéliste ou le devancier désigné, fait face au corps, lit l'Evangile selon Saint Jean, chapitre 11, verset 25 à 26. Il tourne le dos au corps, récite l'Evangile selon Saint Jean, chapitre 14, verset 1 et 2. Job 19, verset 25-27. 1' Epitre de Sâint Paul Timothée, chapitre 6 verset 7. Job, chapitre 1, verset 21. Il fait toutes ces prières jusqu'à la fosse; devant celle-ci on dépose le cercueil, la croix est alors placée face à l'Est. Le Pasteur, l'Evangeliste ou le devancier désigné fait face à l'Quest devant le cercueil.

ORDRE DU CULTE

1. CHANT.
2. Prière par le conducteur.
3. CHANT.
4. Psaume 90
5. CHANT.
6. Première lecon appocalypse 14, 6 à 13 ou 1 er corint, 15-12 à 22.

7. Prédication courte après la prière.
8. Le devancier asperge la fosse et on ensence.
9. On dépose le cercueil dans la fosse.
10. Chant et prière, BELELE AO NON....avec encensoir à la main.
11. Prière et bénédiction.
12. On asperge le cercueil dans la fosse avant de le recouvrir de terre en disant, le sable pour le sable, poussière pour poussière, l'Esprit pour l'Esprit on se verra un jour devant l'Eternel.
13. Après l'enterrement tous les membres se dirrigent dans la maison mortuaire pour faire une dernière prière.
14. Le troisième jour, le cinquième jour, et septième jour, reveillon de prière dans la maison mortuaire, et le huitième jour messe de huitaine.

F I N

CULTE DES MORTS
(Messe de huitaine quarante-unième jour et sortie de deuil)

1. CHANT.
2. Eyiba 3 fois Psaume 51—GLORIA et ELIYA Psaume 24 GLORIA. Prière du pardon des péchés et de sanctification Notre Père qui êtes aux cieux.
3. CHANT. *JESU BABA WA KO WA GBA WA LA.*
4. *JEHOVAH RAHAMAN* 3 fois Psaume 38 et prière.
5. CHANT. *LEBLANU OTO MITON.*
6. *ALFADJI HARA HACH* 3 fois Psaume 90. GLORIA. Prière d'une personne ou trois personnes.

16

7. CHANT. *MI WAZON NA LEWE GBIGBO MITON TON.*
8. Lecture. *GLORIA.*
9. *ANNONCE.* Je crois en Dieu.
10. Prédication.
11. QUÊTE
12. Prière sur le catafar avec le chant BELELE.....etc.
13. CHANT.
14. Dernière prière et.
15. *BENEDICTION..........*

CHANT SUR LE CERCUEIL EN PLEINE MESSE

—Belele ao non bo non (bis)
Moni Saint Roba Robana Micheli
Sonni Belele ao non bo non *Amen*

— Wa mi yi Okluno de
Toji olon mę to Saint Micheli de
Non vi wa miyi Okluno de *Nise*

— Wa kalo sodo Oluwa (bis)
Loke orun lodo Mikaeli Mimo
Ara wa kalo s'odo Oluwa *Amin.*

F I N

CULTE POUR LES FEMMES STERILES

(Jeudi matin à 9 heures)

Les femmes intéressées en venant à l'Eglise doivent pporter chacune 3 différentes sortes de fruits, une bougie,

17

une bouteille blanche remplie d'eau pour l' (exposition)
au Temple. Une prière de supplication est faite à leur
intention.

ORDRE DU CULTE

1. Prière de demande du pardon des péchés et de
    sanctification. Eyiba (3 fois)- le Psaume 51.
2. Chant *(ipése) Alayo ti m'ayo de—Alleluia ayo wa
    mbo.*
3. Prière à genou—Génese, chapitre 15, Jeho. Jecorami
    (3 fois) Deutoronome, chapitre 28, verset 1 à 14.
    Psaume 20. Une prière spontanée par le Conducteur.
4. (Exposition) des femmes devant l'Eternel avec une
    bougie allumée, une bouteille blanche remplie d'eau
    et les trois différentes sortes de fruits.
5. A leur reveil, elles se mettent à genou et prient.
6. Elles prennent une partie de leurs fruits et rentrent
    chez elles avec leurs bouteilles d'eau qu'elles boivent
    petit à petit.
7. Cette cérémonie sera repetée tous les huit jours sans
    interruption jusqu'au moment où leurs prières
    seraient exaucées.

F I N

18

S. B. J. OSCHOFFA
Prophete - Pasteur   Fondateur
De L'Eglise Du Christianisme Celeste

CELESTIAL CHURCH OF CHRIST
EGLISE DU CHRISTIANISME CELESTE

IJO MIMO KRISTI LATI ORUN WA

19 84

| National Headquarters · 12/15, Church St., P. O. Box 381, Makoko - Ya'.a, Lagos. | International H/Q Mission House, P. O. Box 1237 Ikeja - Lagos, Nigeria. | Supreme Headquarters (Porto Novo) P. O. Box 180 Porto Novo Peoples Republic of Benin. |

FRENCH VERSION

1984

ORDRE DE CULTE

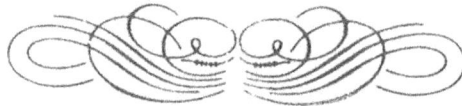

VERSION FRANCAISE DE L'ORDRE DE CULTE

(French Version of the Order of Service)

Table de Matiere

FRENCH VERSION

CONTENTS

29

CULTE DU MATIN (06 heures)

1. Tous les fidèles se mettent à genoux. Le conducteur sonne trois fois la clo
chette. A chaque sonnerie, tout le monde rend gloire à l'Eternel en disant:
SAINT — SAINT — SAINT est le Seigneur des armées: trois fois de suite)

Prière de rémission des péchés et de sanctification par le conducteur.

NOTRE PERE QUI ES AUX CIEUX

2. Cantique
Prière d'action de grâce, de force du Saint Esprit et de la santé par le conducteur.

3. Cantique
Prière d'une personne (parmi les fidèles)

4. Cantique
Prière silencieuse puis prière par le conducteur

5. Cantique
Dernière prière par une devancière ou prière d'ensemble

NOTRE PERE QUI ES AUX UEUX   CIEUX

GLORIA

6. Benédiction par le devancier le plus gradé.
7. ALLELUIA 7 fois dans la direction de l'autel.

CULTE DU DIMANCHE MATIN
(10 heures)

1. Prière dans la cour avant d'entrer à l'Eglise
2. Chant de procession de la cour à l'Eglise (le choeur en tête) JERIMO YAI
Encencement des fideles a l'entrée par l'encenseur
3. Chant YARA SARA.. YARA SAMATA...et allumage des bougies à l'au
par l'encenseur.

30

4. Entrée du conducteur à l'autel

5. Chant à genoux YARAMAN I YARAMAN

6. Le conducteur sonne trois fois la clochette; à cahque sonnerie il dit Saint Saint, Saint, est le Seigneur des armées et les fidèles répètent après lui (A faire 3 fois de suite).

7. Le conducteur prononce (EYIBA) 3 fois et les fidèles lui répondent chaque fois: SAINT. Il lit le psaume 51 pour la rémission des péchés et les fidèles répètent avec lui.

Puis il prononce JEHOVAH RAMAH 3 fois et lit le Psaume 24 tout seul.

Le choeur entonne le GLORIA et à défaut le conducteur

Le conducteur fait la prière pour le pardon des péchés et de

Prière: Notre Père qui es aux cieux; à réciter par tous les fidèles.

8. Chant à entonner parle choeur.

9. Le conducteur prononce (ELIYA) 3 fois et lit le psaume 118 ou 136. ou 27.

GLORIA à entonner par le choeur le conducteur fait ensuite la prière d' d'action de grâce.

10. Chant à entónner par le choeur.

11. Le conducteur prononce (JEHOVAH LASS) 3 fois et lit le psaume 72. Il demand prière de 3 personnes dans les conditions suivantes:

(a) La première personne prie pour la force du Saint Esprit et l'avancement

(b) La deuxième personne prie pour le combat de l'Eglise, pour le pays et les familles des membres de l'Eglise.

(c) La troisième personne prie pour les bénédictions divines.

12 Chant à entonner par le choeur.

13. Prière en silence; après le conducteur prononce (ELI BA MAH YABA) 3 fois, lit le psaume 20 et fait une prière.

14. Chant à entonner par le choeur: après le conducteur quitte l'autel et les fidèles restent assis.

15. Première lecture biblique par un fidèle.
GLORIA à entonner par le choeur.

16. Chant à entonner par le choeur.

17. Deuxième lecture biblique par un fidèle.

18 GLORIA à entonner par le choeur.

18. Chant à entonner par le choeur.

19. Les announces - (à faire par le secrétaire).

20. CREDO (je crois en Dieu) à reciter ensemble par tous les fidèles.
21. Prière par le prédicateur puis prédication
22. Prière silencieuse par fidèles et prière par le conducteur ou un devancier.
23. Quête - avec chanson.
La quête terminée, prière par le conducteur pour demander bonheur et prospérité pour tous.
Actions de grâce à présenter par les personnes désireuses de remercier l'Eternel.
24. Dernière chanson à entonner par le choeur.
25. Dernière prière par une femme devanciere.
26. Priere: Notre pere qui es aux cieux a reciter par tous les fidèles.
GLORIA à entonner par le choeur.
Bénédiction à donner par le devancier le plus gradé.
27. ALLELUA à dire 7 fois en direction de chacum des 4 points   cardinaux.
28. Sortie de l'Eglise,le choeur: (JERIMO YAMANH ou autre).
29. Priere finale avec benediction dans la cour par le conducteur
30. ALLELUIA a dire 7 fois en direction de chacum des 4 points Cardinaux.

CULTE DU SOIR
Dimanche Mercredi Vendredi)

1. Prière dans la cour avant d'entrer à l'Eglise (Facultative)
2. Cantique d'entrée: JERIMO YAMA
Encensement des fidèles à l'entrée par l'encenseur.
3. Cantique: YARA SARA et allumage des bougies à l'autel par l'encenseur.
4. Entrée du conducteur à l'autel ;.
Cantique à genoux:YARA MAH I YARAMAH
5. Le conducteur sonne 3 fois la clochette; à chaque son nerie il dit: :Saint,
Saint, Saint est le Seigneur des armées, et les fidèles répètent après lui (A
faire3 fois de suite).
6. EYIBA 3 fois, Psaume 51, Gloria.
Prière pour le pardon des peches
Prière: NOTRE PEREQUI ES AUX CIEUX
7. Cantique à entonner par le choeur
8. AGASADUAL 3 fois Ps 100 ou 136
Prière de remerciement
9. Cantique
10. Prière de 3 personnes a) Pour le pardon des péchés;
(b) Pour la force spirituelle et la victoire sur les enemis;
(c) Pour la bénédiction et le progrès de l'Eglise
11. Cantique

· 32

12. Prière silencieuse ELI BAMA YABA 3 fois Ps. 20 avec une petite prière par le conducteur.
13. Cantique.
14. Lecture biblique

GLORIA

15. Annonces
16. CREDO
17. Prière par le prédicateur et prédication.
18. Prière silencieuse après prédication
19. Quête avec chanson.
    Prière après quête.
20. Action de grâce.
21. Cantique final
22. Prière Finale par une Femme devancière.
    NOTRE PERE QUI ES AUX CIEUX
    GLORIA
23. Bénédiction
24. ALLELUIA 7 fois vers chacun des 4 points cardinaux.
25. Sortie de l'église avec cantique: JERIMO YAMANH ou autre
26. Dernière prière dans la cour par le conducteur et bénédiction
27. ALLELUIA 7 fois vers chacun des 4 points cardinaux.

33

CULTE DE VENDREDI AU JARDIN DE PRIERE (12H. 00)

NB; Ce culte est destiné à tous les membres de l'Eglise. Les fidèles se rassemblent au lieu sacré en soutane. L'encenseur encense toute la place sainte.

Le conducteur à l'autel.

1. Cantique
2. Le conducteur sonne 3 fois la clochette et à chaque sonnerie les fidèles repondent après lui: Saint, Saint, Saint, est le Seigneur des armées.
3. EYIBA 3 fois – Ps. 51
   GLORIA
   Prière pour le pardon des péchés et la force du Saint Esprit.
4. Cantique.
5. Prière de 3 personnes: deux Hommes et une Femme
   (a) Pour la force du Saint Esprit et l'avancement de l'Eglise;
   (b) Combat pour toute l'Eglise;
   (c) Bénédictions divines.
6. Cantique.
7. Prière silencieuse et prière par le conducteur.
8. Cantique.
9. Prière pour tous les fidèles présents à ce culte par le conducteur.
10. Cantique final.
11. Prière finale par une devancière ou bien par tous les fidèles pour l'avancement de l'Eglise.
    NOTRE PERE QUI ES AUX CIEUX,

    GLORIA.
12. Bénédiction par le devancier le plus gradé.
13. ALLELUIA 7 fois dans la direction de l'autel.

34

CULTES DES FEMMES STERILES : MERCREDI A 9 HEURES

1. Trois coups de clochette
2. Cantique
3. Eyiba (3 fois) Ps. 51
4. Cantique ; A layo ti mayo de, ou Alleluia ayo wa mbo
5. A genoux, lire Génèse 16 : 1 — 5
6. Jehovah (3 fois) Deutéronome 28 : 1 — 14
7. Prière silencieuse
8. Ps. 20 Prière du conducteur
9. Le conducteur expose les femmes stériles devant l'Eternel avec une bougie, une bouteille d'eau et trois sortes de fruits.
10. Prière par les femmes après leur réveil, selon ce qu'elles veulent.
11. Les femmes mangeront leurs fruits et rentreront chez elles avec la bouteille d'eau qu'elles boiront par petitcoups.

35

CEREMONIE DE LA SORTIE DU NOUVEAU—NE (le se jour de sa naissance)

Le nouveau-né est a mené à l'église accompagné de ses parents avec sept différentes sortes de fruits de sel, du miel, del'eau et un paquet de bougies.
—Dans le plateau special à 7 bougies, on en allume 4 pour rencontrer le nouveau-né devant l'église. Le conducteur. l'asperge d'eau benite puis fait une prière de sanctification
N.B. Le bébé doit être porté par une personne visionnaire du même sexe que lui.

Le conducteur en tête fait rentrer le nouveau-né à l'église en entonnant ce cantique: Miwa mi do kpe....Dagbe de na Okluno wa na mi....et fait 7 tours dans l'Eglise avec 7 membres ayant 3 bougies allumées dans le plateau. Après ces 7 tours le conducteur.allume les 4 bougies restantes du plateau. Le conducteur reste en place au millieu de l'église face à l'autel ou il commence le culte avec une bougie allummée sur l'autel.

CONDUITE

1. Prière de rémission des péchés par le conducteur.
2. Cantique: JERIMO YA MAN.
3. Cantique: YARA SARA,................
   YARA SAMATA.......................
4. EYIBA 3 fois - Psaume 51 GLORIA
   ELIE YAH 3 fois -
5. Psaume 128
6. Prière pour le pardon des péchés et d'action de grâce par le conducteur.
7. NOTRE PERE QUI ES AUX CIEUX
8. Cantique d'allégresses à entonner par le choeur.
9. JERIMO YAMAN 3 fois - Psaume 113
10. --Prière de remerciement.
11. Cantique.
12. Prière de 3 personnes; 1 Prière d'intelligence ;
    2o Prière de longevité; }
    3o Prière de bénédiction
13. Cantique.
15. Lecture biblique: LUC 2 V. 21 a 39 ou — 32
16. Annonce
16. CREDO
17. Prière par le prédicateur et prédication.
18. Quête.

36

19	Le devancier le plus gradé en ce moment donnera à l'enfant le nom que lui a prédit l'esprit par la personne visionnaire qui le tient.
20.	Ce devancier fera goûter l'eau, le sel et le miel à l'enfant 3 fois.
21.	Lecture sur l'enfant du passage biblique: Deutéronome 28 v. 1a 14 après avoir prononcé: 3 fois le saint nom: JEHOVAH CHEKO HIRA MI.
22.	Prière de 7 personnes pour l'enfant.
24.	Action de grâce par les parents de l'enfant.
	Cantique de fin de cérémonie.
25.	Prière de Fin de culte
26.	Bénédiction.
27.	—ALLELUIA 7 fois vers chacum des 4 points cardinaux.
28.	A tour de rôle, les fidèles dansant autour de l'enfant goûteront le miel l sel et prendont chacumun fruit et offriront un don d'argent a l'enfant.
29.	(Sortie du bebe le 8e jour — Suite).

1. Si cette sortie tombe sur un jour de culte, mercredi, vendredi soir ou dimanche, le bébé tenu par un visionnaire du même sexe que lui s   installe dans l'église non loin de l'autel durant tout le   culte avec la bassine des 7 sortes de-fruits à côté d'un banc placé devant et sur lequel sont placés l'eau, le miel et le sel.

2. Après les lectures bibliques du jour, le passage de LU ?:21—39   est lu (c'est facultatif).

3. Après la-quête du jour le devancier le plus gradé procède à la cérémonie de sortie du bébé concerné.
—En ce moment il donnera à l'enfant le nom que lui a prédit l'esprit par la personne visionnaire qui le-tient.
—Pius il fera goûter l'eau, le sel et le miel à l'enfant 3 fois.

4. Lecture sur l'enfant du passage biblique: Deutéronome 28 V. 1à 14 apres avoir.
prononcé 3 fois le saint nom: JEHOVAH JEKO HIRAMI.

5. Priere de 7 personnes pour l'enfant, (4 hommes dont le devancier dirigeant et 3 femmes devancières).
Bénédiction par le devancier dirigeant.
Don à l'enfant par les membres de la congrégation qui après leur obole, prennent un fruit qui leur plaît et cela en chantant un cantique de joie et en goûtant à l'eau au miel et au sel. Cantique de fin de culte.
Prières de fin de culte.

37

CULTE DE LA FIN DE CHAQUE MOIS
(Premier jeudi nuit au vendredi matin)

Chaque fidèle apportera une bouteille d'eau et une bougie. Tous les membres commenceront à se réjouir au son de la musique de 22 H heures à 24 heures. A cette heure précise tous les fidèles prieront sur leur bougie et demanderont tout ce qu'ils veulent pour tout le nouveau mois. Après cette prière, toutes les bougies seront ramassées pour être employées dans la maison de l'Eternel. Pour ce culte on prendra:

— 7 bougies qu'on allumera sur l'autel:

— 7 bougies qu'on allumera autour des bouteilles d'eau des hommes;

— 7 bougies qu'on allumera autour des bouteilles d'eau des femmes;

— 7 bougies qu'on allumera autour de l'eglise selon l'inspiration de l'Esprit.

N.B. Ce culte est très essentiel comme ceux du dimanche.
(Voir Ezechiel 46: V. 1—6).

ORDRE A SUIVRE

Faire retentir la chochette de l'autel 3 fois en temps et toute la congrégation repète Saint, Saint, Saint est le Seigneur des armées à chaque temps de 3 coups de clochette.

2. Cantiques
(a) Olorun (3 fois) li Oba Iye
(b) Hirah Jamah — 3 fois)
(c) Yagoh Lolah Marih Yah Ngah Riyeh
    Ngah Riyeh.
3. Prière: EYIBA 3 fois·
    Ps 4
    Ps. 51.
    Prière de rémission des
    pechés et de sanctification
    — NOTRE PERE QUI ES AUX CIEUX.

4. Cantique

5. Prière (AGACHADOUAL)
    3 fois.
    Psaume 103— Prière de remerciement.

6. Cantique.
7. Prière de 7 personnes selon la direction du conducteur.
8. Cantique

38

9. Lecture biblique (Voir celles prévues pour le mois en cours) — GLORIA—
10. Annonces
11. CREDO
12. Prière par le prédicateur et prédication.
13. Prière silencieuse
14. Quête
15. Action de grâce

16. Cantique final
17. Prière finale et Bénédiction.
18. ALLELUIA 7 fois vers chacun des 4 points cardinaux.

CULTE D'ENTRERREMENT D'UN MORT

iblige

Divers passages bibliques à lire devant le cercueil à partir de l'entrée du cimetière:
(a) JEAN 11 v. 25 a 26.
(b) JEAN 14 v. 1 a 2.
(c) JOB 19 v 25 a 27
(d) TIMOTHEE 6v.7
(e) JOB 1v. 21.

N.B. Après l'enterrement, tous les fidèles feront une petite veillée de prière dans la maison mortuaire le 3e et le 5e jour du jour de l'enterrement, et une grande veillée le 7e jour.
Le 8e jour un culte commemoratif sera célébré. Le 41e jour, un autre culte aura lieu en sa mémoire.

CULTE AU CIMETIERE
(ordre a suivre)

1. Cantique K'a sise fun iwenumo emi wa.............
2. Prière: Demande de remission des péchés pour le mort.

— NOTRE PERE QUIES AUX CIEUX —

3. Cantique: Anu Re Baba wa ohun aiye asan .... etc
4. Psaume 90.
5. Cantique: Mimo ni Jesu Kristi, gbo adura wa Olore e..... etc.
6. Lecture biblique, Apocalypse 14 v. 6 à 13
7. CREDO: JE CROIS EN DIEU LE PERE TOUT PUISSANT .
   .... etc.
8. Prédication.
9. Sanctification du mort avec l'eau bénite et encens
10. Mise du mort dans la tombe.
11. Cantique: BE LE LE .... etc.
12. Prière pour le mort et benediction.
13. Fermeture de la tombe après sa sanctification avec l'eau
    benite et encens.

PASSAGES BIBLIQUES A LIRE AU CIMETIERE
(Textes)

JEAN 11   Je suis la résurrection et la vie. Celui qui croit en moi vivra, quand
          même il serait mort; et quiconque vit et croit en moi ne mourra ja-
          mais. Crois-tu cela ?

JEAN 14 v Que votre coeur ne setrouble point. Croyez en Dieu, et croyez
          en moi. Il y a plusieurs demeures dans la maison de mon Père. Si
          cela n'était pas, je vous l'aurais dit. Je vais vous préparer une place.

JOB 19   Mais je sais que mon rédempteur est vivant, et qu'il se lèvera le der-
          nier sur la terre. Quand ma peau sera détruite, il se lèvera; Quand je
          n'aurai plus de chair, je verrai Dieu. Je le verrai, et il me sera favo-
          rable; Mes yeux le verront, et non ceux d'un autre; mon âme languit
          d'attente au dedans de moi.

40

TIMOTHEE 6 Car nous n'avons rien apporté dans le monde, et il est évident
v 7   que nous n'en pouvons rien emporter.

JOB 1 v 21 Je suis sorti nu du sein de ma mère, et nu je retournerai dans le
sein de la terre. L'Eternel a donné, et l'Eternel a ôté; que le nom de
l'Eternel soit béni.

CULTE COMMEMORATIF DE MORT
(le 8e et 4le jour)

1. Cantique d'entrée
    WA MIYI O OKLONONDE
2. Cantique: Idariji ese la ntoro... .... etc.
    — E YIBA 3 fois — Ps. 51
    — E LIE YAH 3 fois — Ps. 24
    — Prière de remission des péches et de sanctification.
3. Cantique: Ka wa elese y'iwa pada ....*. etc.
4. JEHOVAH RAMAH 3 fois — Psaume 38
    — Prière de demande de miséricorde et de pardon pour le défunt.
5. Cantique: MI WAZON NA LEWE GBIGBO MI TON TON
6. ALFAJI ARA—HACH 3 fois Psaume 90
    — Prière pour le défunt, sa famille   et tous ceux qu'il a délaisses.
7. Cantique: Baba pa lase latorun wa........ etc.
8. La Lecture biblique "ECCLESIASTE 3 v 1 à 9
    — GLORIA
9. 2e lecture biblique — Jean II v. 21 à 44 ou
    1 Corint 15 v. 30 à 42 — GLORIA —
10.
11. CREDO
12. Prière par le prédicateur et prédication
    — Prière après la prédication
13. Quête.

CEREMONIE DE PRIERE POUR LE DEFUNT
14. Cantique: BE LE LE.........
15. Prière par le conducteur

ACTION DE GRACE PAR LA FAMILLE DU DEFUNT
16. Cantique final — Dernière prière — NOTRE PERE QUIES AUX CIEUX
    .... — GLORIA.
17. Benédiction par le devancier le plus gradé.

CÉRÉMONIE DE LA POSE DE LA PREMIÈRE PIERRE D'UNE EGLISE

1. Cantique: E korin ke gbe orin soke........ etc.
2. EYIBA 3 fois – Psaume 51 et 24. Prière pour la remission des péchés et de sanctification. (NOTRE PÈRE QUIES AUX CIEUX.
3. Cantique: Oye wa ka fope fun Oba Oluwa...........
4. AGACHADOUAL 3 fois Psaume 100 – Prière de remerciement.
5. Cantique: K'a sise fun iwe lumo emi wa......
6. Prière de 3 personnes
7. Lecture biblique: 1 CHRONIQUES chap 22 GLORIA
8. Annonces (s'il y en a)
9. Ceremonie de la pose de première pierre
10. Cantique: Egbe orin yin soke ani eyin enu ona....... etc.
11. Prière aux 4 points cardinaux. Le conducteur posera à chaque coin de l'Eglise une pierre en répétant ELO HIM JAH 3 fois Zacharie 6 v. 12 à 15.
12. Reception des offrandes des invités.
13. Cantique final.
14. Prière finale.
15. Bénédiction
16. ALLELUIA 7 fois vers chacun des 4 points cardinaux.

CULTE POUR L'INAUGURATION D'UNE EGLISE OU D'UNE MAISON

1. Cantique: Olorun Oba Imole......... *etc.
2. EYIBA 3 fois – Psaume 51. Prière pour le pardon des péchés et pour la sanctification.
   – NOTRE PÈRE QUI ES AUX CIEUX
3. Cantique: Jesu fe wa a mo be.... . . . etc.
4. Psaume 121 ou 125) (pas de saint nom)
   – Prière de remerciement par 3 personnes
5. Cantique
6. JEHOVAH RAHAMANH 3 fois Psaume 24 puis ouverture de la porte.
7. Cantique d'entrée : E gbe ori yin s'oke enyin enu ona..... etc
8. JERIMO YA MANH / 3 fois Psaume 127 –
   – Prière de 7 personnes
9. Cantique final: EL BERACA BERED—ELI......... etc

42

10. JEHOVAH JEKO HIRAMI 3 fois – DEUT. 28 v. 1 a 14.
   – Prière de demande de grâce pour le propriétaire
11. Bénédiction
12. ALLELUIA 7 fois.

LES CEREMONIES DU MARIAGE
(Union de l'Epouse et de l'Epoux)

1. Le père et la mère de la future épouse remettant leur fille entre les mains du futur beau—père font la prière suivante.
   "Par suite de l'amour qui unit les jeunes époux, nous donnons en mariage notre fille X à votre fils X; que l'Eternel les bénisse."

2. Réponse des parents du jeune époux:
   "Nous vous remercions de l'amour que vous nous avez témoigné en acceptant de donner en mariage votre fille à notre enfant X dans ce lieu saint. Que l'Eternel daigne bénir leur union – Amen "

3. Le père et la mère du jeune époux confient les future mariés à deux époux de leur choix pour être parrain et marraine (choisis parmi les devanciers) afin de les assister pendant leurs difficultés. Les deux parents du jeune adressent aux parrain et marraine la parole suivante

   "Chers parrain et marraine en Esprit et en Christ, nous vous avons confié la vie spirituelle de ces jeunes époux, soyez leur soutien, leurs conseillers dans leur vie conjugale et que l'Eternel leur donne des enfants jusqu'à la quatrième génération – Amen."

4. Les parrain et marraine confient les deux époux au devancier célébrant les cérémonies du mariage en disant:
   "Nous remettons entre vos mains les deux jeunes époux avant leur union devant l'Eternel par le Culte de sanctification et d'union."

CULTE DU MARIAGE

1. Cantique d' entrée
   – JERIMO YAMANH......

2. Cantique
   – YARA SARAH .... et allumage des bougies à l'autel.
   Cantique à genoux

43

– YARAMAN I YARA MAH

Le conducteur sonne 3 fois la clochette; a chaque sonnerie il dit: Saint, Saint: Saint est le Seigneur des armées et les fidèles répètent, après lui. (A faire 3 fois de suite).

4. Le conducteur prononce.

EYIBA 3 fois et les fidèles lui répondent chaque fois : Saint.

Il récite le Ps. 51 pour la rémission des péchés et les fidèles repétent avec lui puis il récite le Ps. 24.

GLORIA –

– LE conducteur fait la prière pour le pardon des péchés et pour la sanctification.

NOTRE PERE QUI ES AUX CIEUX

6. Cantique
7. Prière par 3 personnes.
8. Cantique
9. Lecture biblique:

EPHESIENS 5 v. 15 a 33

10. – GLORIA –

10. Cantique
11. L'adresse
12. Quête avec chanson par les choristes.
13. L'Epoux et l'Epouse s'approchent de l'autel pour la benediction
14. Sainte Communion
15. Action de grâce
16. Cantique final
17. Priere finale par une devancière.

– NOTRE PERE QUI ES AUX CIEUX.

– GLORIA –

18. Benediction
19. ALLELUIA 7 fois vers chacun des 4 points cardinaux.
20. Signature du registre de mariage.
21. Cantique de sortie.

44

ALLELUIAH!

ALLELUIAH!

ALLELUIAH!

ALLELUIAH!

ALLELUIAH!

ALLELUIAH!

ALLELUIAH!

VI - HIERACHIE AU SEIN DE L'EGLISE DU CHRISTIANSME CELESTE

TABLEAU N°1 HABITS SACERDOTAUX ET ONCTIONS DANS L'EGLISE DU CHRISTIANSME CELESTE

0	FIDELE FEMME	- Une robe de prière blanche, à col rond et un bonnet blanc
1	DEHOTO	- Une robe de prière. - Une sangle jaune non frangée marquée d'une croix blanche
2	ASSISTANTE MAMAN	- Une robe de prière surmontée d'une petite pèlerine ronde et blanche. - Une sangle jaune non frangée marquée d'une croix blanche.
3	MAMAN	- Une robe de prière avec pèlerine blanche. - Une sangle jaune frangée de blanc et marquée d'une croix blanche. Du côté Nigérian - Une robe de prière avec pèlerine blanche bordée de dentelle blanche - Une sangle jaune sans frange et marquée de trois croix blanches.
4	SENIOR MAMAN	- Une robe de prière de couleur blanche avec pèlerine et ample bordée de dentelle blanche. - Une sangle jaune à trois croix blanches et frangée de blanc.
5	VENERABLE MAMAN	- Même habillement que Senior-Maman (Robe et Sangle) - Un surplis jaune ample sans dentelle. - Ce grade n'existe pas du côté Béninois
6	VENERABLE SENIOR MAMAN	- Une robe de prière avec pèlerine blanche et ample bordée de dentelle blanche. - Une sangle jaune à trois croix blanches et frangée de blanc. - Un surplis jaune ample bordé de dentelle blanche.

TABLEAU N°2 GRADE ALLAGBA TENUES SACERDOTALES DES HOMMES

ONCTIONS	GRADES	TENUES SACERDOTALES
0	FIDELE SIMPLE	- Une robe de prière blanche à col dentiste avec 4 -boutons blancs à l'épaule gauche
1	DEHOTO	- Une robe de prière. - Une sangle blanche marquée d'une croix bleue
2	ASSISTANT ALLAGBA	- Une robe de prière surmontée d'une petite pèlerine ronde et blanche - Une sangle blanche marquée d'une croix bleue
3	ALLAGBA	- Une robe de prière avec pèlerine blanche. - Une sangle blanche marquée d'une croix bleue et frangée de jaune
4	SENIOR ALLAGBA	- Une robe de prière avec pèlerine blanche bordée de dentelle. - Une sangle blanche marquée de trois croix et frangée de jaune
5	VENERABLE SENIOR ALLAGBA	- Une robe de prière avec pèlerine blanche, ronde, ample et bordée de dentelle blanche. - Une sangle blanche à trois croix bleues et frangée de jaune. - Un surplis jaune ample et bordée de dentelle blanche.

TABLEAU N°3 ORDRE DES VISIONNAIRES

ONCTIONS	GRADES	TENUES SACERDOTALES
3	ASSISTANT WOLIDJA	- Une robe de prière à col carré avec petite pèlerine blanche. - Une sangle bleue marquée d'une croix blanche.
4	WOLIDJA	- Une robe de prière à col carré avec pèlerine blanche. - Un surplis blanc et un chapeau tricorne de couleur blanche. - Une sangle bleue frangée de blanc avec une croix blanche.
5	SENIOR WOLIDJA	- Une robe de prière à col carré avec pèlerine blanche bordée de dentelle blanche. - Un surplis blanc bordé de dentelle blanche. - Une sangle bleue marquée d'une croix et frangée de blanc. - Un chapeau tricorne de couleur blanche.
5	SENIOR WOLIDER	- Une robe de prière à col carré avec pèlerine ample et blanche bordée de dentelle blanche. - Une sangle bleue frangée de blanc et marquée de trois croix - Un surplis modèle Senior-Wolidja. - Un chapeau tricorne de couleur blanche.
6	VENERABLE SENIOR WOLIDJA	- Une robe de prière à col carré avec pèlerine ample - et blanche bordée de dentelle blanche. - Une sangle bleue à une croix et frangée de blanc. - Un surplis bleu bordé de dentelle blanche. Un chapeau tricorne bleu.
7	VENERABLE SENIOR WOLIDER	- Une robe de prière à col carré avec pèlerine ample et blanche bordée de dentelle blanche. - Une sangle bleue à trois croix frangée de blanc. Un chapeau tricorne de couleur bleue. - Un surplis bleu bordé de dentelle blanche.

TABLEAU N°4 ORDRE DES LEADERS

ONCTIONS	GRADES	TENUES SACERDOTALES
3	ASSISTANT LEADER	- Une robe de prière. - Une sangle blanche marquée d'une croix bleue et frangée de jaune - Un surplis court de couleur blanche
4	LEADER	- Une robe de prière à manches Mousquetaires - Un surplis moyen de couleur blanche. - Une sangle blanche marquée de trois croix et frangée de jaune. - Un chapeau tricorne de couleur blanche.
5	SENIOR LEADER	- Une robe de prière à manches mousquetaires. - Une sangle blanche frangée de jaune et marquée de trois croix. - Un surplis blanc, ample et bordé de dentelle blanche. - Un chapeau tricorne de couleur blanche.
6	VENERABLE SENIOR LEADER	- Une robe de prière à manches mousquetaires. - Une sangle blanche à trois croix bleues et frangée de jaune. - Un surplis jaune, ample et bordé de dentelle blanche. - Un chapeau tricorne jaune - Une bandoulière de couleur bleue frangée de blanc

TABLEAU N°5 : ORDRE DES EVANGELISTES

ONCTIONS	GRADES	TENUES SACERDOTALES
7	HONORABLE ASSISTANT EVANGELISTE	- Une robe de prière à manches mousquetaires. - Une sangle blanche frangée de jaune avec trois croix bleues à chaque extrémité. - Long surplis jaune largement fendu par devant et sans bandoulière. - Un chapeau tricorne de couleur jaune.
8	ASSISTANT EVANGELISTE Uniquement consacré à l'Eglise	- Une robe de prière à manches mousquetaires. - Une sangle blanche frangée de jaune avec trois croix bleues à chaque extrémité. - Long surplis gris largement fendu par devant et sans bandoulière. - Barrette tricorne de couleur grise.
9	EVANGELISTE Uniquement consacré à l'Eglise	- Une robe de prière à manches mousquetaires. - Soutane blanche : longue veste à col Rond - Sangle blanche frangée de jaune et frappée de trois croix aux extrémités et trois croix centrales en escalier. - Un surplis gris assez long largement fendu par devant. - Bandoulière bleue frangée de blanc. - Une barrette tricorne de couleur grise
10	SENIOR EVANGELISTE Uniquement consacré à l'Eglise	- Une robe de prière à manches mousquetaires. - Soutane blanche : longue veste à col Rond - Sangle blanche avec 9 croix comme les Evangélistes. - Long surplis bleu foncé largement fendu par devant. - Bandoulière jaune frangée de jaune. - Barrette quadricorne couleur bleue
11	VENERABLE SENIOR EVANGELISTE Uniquement consacré à l'Eglise	- Même habillement que le Senior - Evangéliste pour la robe de prière et la veste. - Long surplis brun couleur chocolat largement fendu par devant. - Barrette quadricorne de couleur chocolat Du côté nigérian - Le surplis et le chapeau sont de couleur rose.
12	SUPERIEUR SENIOR EVANGELISTE	- Même robe de prière, même soutane et même sangle que le Senior et le Vénérable Senior Evangeliste. - Long surplis de couleur violette avec bandoulière beige frangée de blanc. - Barrette quadricorne de couleur violette.

VII - HIERARCHIE AU SEIN DE L'E.C.C.

Remarques Préliminaires

A la tête de l'Eglise se trouve le REVEREND PASTEUR PROPHETE, fondateur de l'Eglise du Christianisme Céleste.

Viennent ensuite dans l'ordre décroissant :
[*] Responsables d'église et Evangélistes,
[*] Leaders, Wolileaders et Wolijahs,
[*] Doyens (Alagba ou Agountô) et Devanciers (Aladoura ou Dèhoto),
[*] Fidèles de tous ordres non confirmés c'est-à-dire n'ayant pas encore reçu d'onction (Huile Sainte).
Avant d'aborder la hiérarchie proprement dite (concernant seulement les fidèles confirmés) il importe de mettre l'accent sur certaines remarques préliminaires.
Remarques préliminaires

A. – Dispositions religieuses
[*] Nul ne peut appartenir au Christianisme Céleste s'il n'a pas reçu le baptême d'eau c'est-à-dire le baptême par immersion.
[*] Tout baptisé doit avoir un Livret de chrétien où seront portés les renseignements suivants : date de chaque sacrement ou consécration (baptême, onction ou confirmation dans tout ordre dignitaire, etc....) nom du consécrateur, paroisse intéressée, le tout revêtu du sceau du siège du Christianisme Céleste.

B. – Critères généraux d'avancement au sein de l'Eglise du Christianisme Céleste
a) Pour le baptême
[*] Connaître le Credo (Yissé)
[*] Savoir parfaitement l'oraison dominicale
[*] Pouvoir réciter correctement les Psaumes 51 et 24
b) Pour la confirmation (onction)

[*] Avoir une robe de prière (Robe blanche)
[*] Avoir accompli deux années de présence active dans le cadre du Christianisme Céleste.
[*] Posséder sa Bible et connaître les éléments essentiels de l'Evangile (Nouveau Testament).
[*]   Se dévouer aux causes de l'Eglise et de sa paroisse.
[*] Faire preuve d'esprit de discipline et avoir le sens des Responsabilités.
[*] Avoir une tenue correcte (propreté, comportement général).
En application des critères ci-dessus déterminés, nul ne peut faire l'objet d'une proposition d'avancement dans les Ordres du Christianisme Céleste s'il n'a pas reçu le baptême par immersion et la confirmation (onction) et s'il ne possède sa Robe de prière et sa Bible.

I - Devanciers (Aladoura ou Dèhoto) et Doyens (Alagba ou Agounto)

A) Le Dèhoto ou Aladoura

[*] Confirmation : première onction ;
[*]   Habillement :
[*] Une robe ordinaire,
[*] Une sangle simple à une croix sans bout brodé.
[*] Rôle : multiple mais consiste essentiellement à :
[*] Apprendre à lire la Bible en français et dans les dialectes courants.
[*] Assister aux classes bibliques afin de s'orienter si faire se peut dans la voie des prédications.
[*] Conduire le culte et faire partie de la chorale de la Paroisse.
[*] Prier en particulier pour malades et visiteurs.
[*]   Répondre sur autorisation du Comité Paroissial, aux missions de prières aux domiciles des fidèles et toutes personnes intéressées.

B) L'Alagba ou Agounto

[*] Confirmation : Deuxième onction.
[*] Habillement :
[*] Une robe de prière avec une pèlerine légère sans dentèle,
[*] Une sangle à une croix avec bout brodé.
[*] Critères distinctifs :
[*] Connaissance parfaite de l'Evangile
[*] Savoir prier parfaitement en toute circonstance et prodiguer en l'occurrence tous dévouements à l'égard des fidèles et malades
[*] Esprit de discipline, sens de la hiérarchie et des responsabilités.
Arrivé à ce grade, le fidèle peut être orienté vers la branche des prédicateurs c'est-à-dire des Leaders s'il a le don de prêcher. Le cas échéant, il sera, sur proposition du Leader en charge de la paroisse et après avis favorable du Comité Paroissial, consacré assistant Leader.

C) Le Senior Alagba ou senior Agounto
L'impossibilité de comprendre tout le monde dans la hiérarchie des Leaders (c'est-à-dire des prédicateurs) et la nécessité d'encourager les fidèles à progresser dans la connaissance des Ecritures, ont suscité la création de l'Ordre des Doyens de l'Eglise appelés Senior Alagbas.
[*] Confirmation : En principe troisième onction.
[*] Habillement :
[*] Une robe de prière avec une pèlerine légère et ornée de dentèle,
[*] Une sangle à bout brodé frangée de jaune [et] de trois croix.
[*] Critères de choix :
[*] Pouvoir parfaitement conduire le culte.
[*] Connaissance parfaite de la Bible (savoir la lire et l'interpréter correctement).
[*] Dévouement à l'égard des fidèles et malades.
[*] Esprit de discipline et respect de l'autorité et de la hiérarchie.
[*] Pleins d'expériences, les Seniors Alagbas(3) sont remarquables par leur sagesse

D) Le Vénérable Senior Alagba
[*] Confirmation : En principe plus de trois onctions.
[*] Habillement :
[*] Robe de prière avec un surplus ample, jaune et orné de dentèle,
[*] Une sangle à trois croix, frangée de jaune,
[*] Un chapeau tricorne de la même couleur que le surplus.
Les Vénérables Seniors Alagbas sont au faîte de la hiérarchie des Alagbas et contrairement aux Seniors Alagbas, ils ne doivent plus changer d'ordre e y évoluer hiérarchiquement. En effet, cet ordre est réservé aux anciens de l'Eglise qui n'ont pas évolué dans d'autres hiérarchies. Ce sont d'honorables personnalités remarquables par leur intégrité, leur droiture. Leurs expériences et leur sagesse, méritant ainsi le respect de tous dans la paroisse. Ils prodiguent aux Comités paroissiaux les fruits de leurs expériences et de leur sagesse.

II – Les Visionnaires ou 'WOLI'

A) Le Visionnaire : cet inconnu

Qu'est-ce à dire ? Ecoutons Balaam le Visionnaire bien connu dans l'Ancien Testament, nous défini ce mot : « Balaam leva les yeux et vit Israël campé selon ses tribus. Alors l'Esprit de Dieu fut sur lui. Balaam prononça son oracle et dit :

« Parole de Balaam, fils de Beor, Parole de l'homme qui a l'oeil ouvert. Parole de celui qui entend les paroles de Dieu. De celui qui voit la vision du Tout-Puissant. De celui qui se prosterne et dont les yeux s'ouvrent » (Nombres 24 : 2-4).

Le Visionnaire est donc celui qui entend les paroles de Dieu et qui les transmet aux hommes, celui qui est agité par l'Esprit de l'Eternel.

En effet, Dieu se laisse consulter par les hommes. « Moïse prit la tente et la dressa hors du camp à quelque distance. Il l'appela tente d'assignation et tous ceux qui consultaient l'Eternel allaient vers la tente d'assignation qui était hors du camp » (Exode 33 : 7).

Des générations 'd'agnostiques' et de personnes 'antichées' de religion sont déroutées ; de vives discussions font rage depuis des siècles. Depuis longtemps les philosophes se demandent où se trouve Dieu. De leur côté, les théologiens évoquent des excuses pour son « absence ». Mais devons-nous vraiment trouver des excuses pour Dieu ? Il serait temps d'avoir une réponse franche !

En effet, dans le passé, Dieu à maintes reprises, au cours de l'histoire, s'est révélé à l'homme.

Adam dut le premier être humain. Et Dieu s'est occupé de lui de façon très intime. Adam connaissait Dieu comme nous connaissons nos parents. Toutefois, plutôt que de suivre les ordres de son Créateur, Adam obéit à son propre raisonnement ; il pécha. Immédiatement après cela, Adam et Eve se cachèrent loin de la face de l'Eternel Dieu (Genèse. 3 :8).

C'est donc l'homme qui se cacha de Dieu et on Dieu qui se cacha à l'homme.

Tout au long de l'histoire, de siècle en siècle et de génération en génération quelles que fussent les circonstances et les situations, chaque fois que Dieu s'est révélé afin d'aider les hommes ou les nations, celles-ci ou ceux-là ont toujours répudié Dieu.

L'une des personnes marquantes, qui observait les commandements de l'Eternel pendant cette première période s'appelait Abraham. Celui-ci fut l'ami de Dieu (Jacques 2 : 23). Dieu lui apparut fréquemment (Genèse 17 : 1 ; 18 : 1).

A cause de son intégrité, Dieu choisit Abraham et tous ses descendants et en fit le peuple élu de l'Eternel (Genèse 17 : 1-8 ; 22 : 15-18).

Plus tard, quelques 2.500 ans après la création, Dieu commença à se révéler à son peuple choisi. Il promit de faire de ce peuple un royaume de sacrificateurs, une nation sainte (Exode 19 : 5-6). Il voulut donner aux Hébreux toutes les bénédictions imaginables y compris le privilège d'avoir la demeure de l'Eternel parmi eux (Exode 15 : 17).

Si incroyable que cela puisse paraître, après tout ce qu'ils avaient vu de leurs propres yeux, les Israélites demandèrent : « l'Eternel est-il au milieu de nous, ou n'est-il pas ? » (Exode 17:7).

Dans toute sa gloire, Dieu répondit à cette question sur le mont Sinaï, « tout le peuple entendait les tonnerres et le son de la trompette ; il voyait les flammes de la montagne fumante » (Exode 20 : 18). Mais qu'est-il arrivé ? A ce spectacle, le peuple tremblait et se tenait dans l'éloignement. Ils dirent à Moïse : « Parle-nous toi-même et nous écouterons. Mais que Dieu ne nous parle point de peur que nous ne mourions » (Exode 20 : 18-19).

Ici donc, l'homme demandait clairement à Dieu d'interrompre toute communication directe avec le peuple. L'homme disait à Dieu de disparaître. Mais Dieu toute Bonté, dans sa miséricorde, n'a pas voulu abandonner l'homme à ses desseins pervers.

C'est pourquoi, il accepta de se révéler dorénavant à l'homme par l'intermédiaire de l'homme et c'est cet homme-là qu'on appelle Visionnaire ou Prophète.

« L'Eternel dit à Moïse : ce qu'ils ont dit est bien. Je leur susciterai du milieu de leurs frères, un prophète comme toi, je mettrai mes paroles dans sa bouche, et il leur dira tout ce que je lui commanderai. Si quelqu'un n'écoute pas mes paroles qu'il dira en mon nom, c'est moi qui lui en demanderai compte » (Deut. 18 : 17-19).

Cependant, la maison d'Israël rejeta tous ceux qu'elle savait qu'ils étaient des prophètes de Dieu.

Esaïe était l'un d'entre eux. Il déclara à Ezéchias que Dieu arrêterait les armées assaillantes de l'Assyrie (II Roi 19). La nuit même, Dieu tua 185 000 hommes qui portaient des armes (verset 35). Par la suite, une fois qu'Esaïe eut invoqué l'Eternel, l'ombre du soleil recula de 10 degrés (II Rois 20 : 11).

Aucun doute n'était possible quant à l'identité du Maître qu'Esaïe servait. Et pourtant, quelques années plus tard, la tradition nous dit qu'Esaïe fut scié en deux par son propre peuple (Hébreux 11 : 37).

De même la maison de Juda rejeta les hommes de Dieu et à cet égard, elle surpassa encore sa sœur Israël.

En effet, Jérémie fut consacré et établit prophète alors qu'il était encore dans le sein de sa mère. Bien qu'il fût toujours le point de mire des regards du peuple, (révélant la volonté, la voie et les prophéties de Dieu. Que JUDA sut que Jérémie étai son représentant, néanmoins, on se moquait de lui chaque jour et chacun le raillait (Jérémie 20 : 7). Et tous les sacrificateurs, les prophètes et le peuple conspirèrent pour le tuer (Jérémie 26 : 8).

Les faits parlent clairement : à chaque stade de leur histoire Israël et Juda se cachèrent de leur Dieu et le rejetèrent.

Des siècles plus tard, l'Eternel Dieu se révéla à nouveau aux hommes. Il se changea lui-même en un être humain, il devint chair et sang, donc mortel (Hébreux 2 : 14). Jésus-Christ a dû connaître les mêmes souffrances et tentations que nous autres humains. Mais Jésus ne pécha point pour autant.

Si étrange que cela puisse paraître, Jésus-Christ était le Dieu même de l'Ancien Testament. L'Etre qui vit éternellement et qui était appelé YHVH ? Le Dieu d'Abraham, d'Isaac et de Jacob. Ce fut lui qui créa l'univers (Jean 1 : 3) (Ephésiens 3 : 9).

Il s'était promené avec Adam, il avait mangé avec Abraham, lutté avec Jacob. Il parla à Moïse et veilla sur Israël (I Cor. 10 : 4).

Il est venu enseigner les lois divines, les lois qui procurent le bonheur et l'abondance. Mais quelle fut la réaction des gens ? Vous connaissez la réponse aussi bien que nous. Ils ont crucifié Jésus-Christ. Le Dieu (qui s'est fait chair) « La lumière était venue dans le monde, les hommes ont préféré les ténèbres à la lumière, parce que leurs œuvres étaient mauvaises » (Jean 3 : 19).

Dieu s'était-il découragé pour autant ? Non ! Il a toujours voulu demeurer avec les hommes afin de nous éclairer et de nous diriger dans la bonne voie. C 'est pourquoi Dieu a décidé d'envoyer son Esprit saint pour être avec les hommes et alors avec les hommes qui veulent de lui afin qu'il demeure avec eux jusqu'à la fin des temps.

« Dans les derniers jours dit Dieu, je répandrai de mon Esprit sur toute chair ; vos fils et vos filles prophétiseront, vos jeunes gens auront des visions et vos vieillards auront des songes. »

« Oui, sur mes serviteurs et sur mes servantes :

« Dans ces jours-là, je répandrai de mon Esprit ; et ils prophétiseront. Je ferai paraître des prodiges en haut dans le ciel et des miracles en bas sur la terre.

« Du sang, du feu et une vapeur de fumée ».

« Le soleil se changera en ténèbres, et la lune en sang. Avant l'arrivée du jour du Seigneur, de ce jour grand et glorieux. Alors quiconque invoquera le nom du Seigneur sera sauvé » (Actes 2 : 17-21).

Cette promesse est-elle faite aux anciens seulement ? ou bien est-elle seulement réservée à telle communauté chrétienne de telle ou telle époque ?

Ecoutons donc la déclaration magistrale de Pierre à cet effet : « Repentez-vous, et que chacun de vous soit baptisé au nom de Jésus-Christ pour le pardon de vos péchés ; et vous recevrez le don du Saint-Esprit.

« Car la promesse est pour vous, POUR VOS ENFANTS, et pour tous ceux qui sont au loin, en aussi grand nombre que le Seigneur notre Dieu les appellera » (Actes 2 : 38-39).

Nous pensons quant à nous que Dieu nous a appelés nous aussi, d'aussi loin que nous soyons et nous a remis ce ministère et avec lui la même promesse. Et c'est pourquoi l'Esprit de Dieu agit au milieu de nous par les miracles et les prodiges. ET C'EST POURQUOI DIEU S'ADRESSE A NOUS PAR L'INTERMEDIAIRE de visionnaire qu'il choisit dans nos rangs.

Comment savons-nous que ces Visionnaires sont inspirés par Dieu ?

« Mais le prophète (ou visionnaire) qui aura l'audace de dire en mon nom une parole que je ne lui aurais point commandé de dire, ou qui parlera au nom d'autres dieux, ce prophète-là sera puni de mort ».

« Peut-être diras-tu dans ton cœur : Comment connaîtrons-nous la parole que l'Eternel n'aura point dite ? Quand ce que dira le prophète n'aura pas lieu et n'arrivera pas, ce sera une parole que l'Eternel n'aura point dite, c'est par audace que le prophète l'aura dite : n'aie pas peur de lui. » (Deut. 18 : 20-22).

Aussi demandons-nous à nos visionnaires d'annoncer leur oracle la main gauche tenant une bible et la droite levée devant un crucifix et de prêter serment devant Dieu et devant les hommes.

B) ORDRE HIERARCHIQUE DES VISIONNAIRES

LORSQU'UN FIDELE EST FAIT VISIONNAIRE PAR L'ETERNEL (qu'on le sache bien, cela ne fait l'objet d'aucun choix humain puisque c'est inconsciemment que l'intéressé est agité par l'esprit de l'Eternel et tombe en extase) le Prophète-Pasteur constate le fait, le nomme et le consacre à son tout visionnaire ou « Woli » (Woly : mot yoruba signifiant : voyant).

Si le nouveau visionnaire avait été oint (sinon il porte une robe de prière ordinaire) il a le droit de porter une robe de prière à col carré et une sangle bleue marquée d'une croix).

Le temps, l'assiduité dans le travail et l'expérience aidant, le Woli est appelé à progresser, selon la voie que suit sa vision, soit dans la branche des Wolijahs, soit dans celle des Wolileaders.

La classe des visionnaires se subdivise en effet en deux grandes branches : WOLIJAHS ET WOLILEADERS.

1)– LA BRANCHE DES WOLIJAHS

C'est la branche des surveillants des visionnaires. En effet, les Wolijahs contrôlent l'esprit qui anime les visionnaires et mettent fin à leur vision lorsqu'ils le jugent nécessaire.

La branche des Wolijahs comprend quatre groupes hiérarchiques : Assistant Wolijah, Wolihah, Senior Wolijah et Vénérable Senior Wolijah.

a) L'Assistant Wolijah

Le Visionnaire ou Woli est en principe proposé à l'avancement par le Leader en charge de la paroisse. Une fois le choix approuvé par le Comité paroissial et le Prophète-Pasteur, celui-ci nomme et consacre le visionnaire Assistant Wolijah.

[*] Confirmation : En principe deuxième onction.
[*] Habillement :
[*] Robe de prière à col carré avec une légère pèlerine sans dentelle.
[*] Une Sangle bleue marqué d'une croix.

b) Le Wolijah

A la suite de quelques années de travail consciencieux et assidu, de dévouement aux causes de l'Eglise et de soumission à ses normes et coutumes, l'Assistant Wolijah est promu et consacré Wolijah.

[*] Confirmation : En principe 4ème onction.
[*] Habillement :
[*] Une robe de prière à col carré avec une pèlerine ample sans dentelle,
[*] Un surplus blanc
[*] Une sangle bleue marquée d'une croix.

c) Le Senior Wolijah

Il est comme le Senior Alagba, un doyen de l'Eglise. Outre la tâche de visionnaire qui lui incombe de droit, le Senior Wolijah doit connaître parfaitement la Bible et pouvoir prêcher en cas de nécessité.

Le Senior Wolijah est choisi parmi les Wolijahs les plus expérimentés.

[*] Confirmation : En principe 4ème onction.
[*] Habillement :
[*] Une robe de prière à col carré,
[*] Une pèlerine ample et garnie de dentelle,
[*] Un surplis blanc à dentelle,
[*] Une sangle bleue, frangée et marquée d'une croix.

d) Le Vénérable Senior Wolijah

Le Vénérable Senior Wolijah fait l'objet d'un choix judicieux du Révérend Pasteur-Prophète lui-même. La proposition en est faite pour avis par les Comités paroissiaux au Comité Directeur et au Comité Supérieur. En cas d'avis favorable, la candidature est soumise à la souveraine approbation du Pasteur-Prophète.

Le Vénérable Senior Wolijah est au faîte de la hiérarchie. Il fait partie des Pères de l'Eglise dont il est un grand dignitaire remarquable par son expérience, sa sagesse, son sens aigu du devoir sacré qui explique son immense dévouement aux causes de l'Eglise.

Le Vénérable Senior Wolijah, une fois arrivé à ce grade ne peut plus s'orienter vers une autre classe que celle des visionnaires. En particulier, il ne peut pas aspirer à l'Ordre des Evangélistes. En effet, parallèlement à l'Evangéliste, le Vénérable Senior Wolijah joue au sein de l'Eglise un rôle de nature différente certes, mais tout au moins d'une égale importance.

Cependant, lorsqu'il reçoit le don des songes et de leur interprétation, le Vénérable Senior Wolijah peut rentrer dans la branche des Wolileaders et porter le titre de Vénérable Senior Wolileader. Les deux grades en effet, s'équivalent sensiblement, par ailleurs Wolijahs et Wolileaders se ressemblent apparemment dans leur mode d'habillement. Toutefois, une légère distinction : tandis que la sangle wolijah (et de ses supérieurs hiérarchiques) n'est marquée que d'une croix, celle du Wolileader (et de ses supérieurs hiérarchiques) porte trois croix.

[*] Confirmation : En principe 5ème onction.
[*] Habillement :
[*] Robe de prière à col carré,
[*] Surplis bleu brodé de dentelle,
[*] Sangle bleue, frangée de blanc et marquée d'une croix,
[*] Barrette tricorne de couleur jaune.

2) BRANCHE DES WOLILEADERS

Le Wolileader est tout comme le Wolijah surveillant des visionnaires.

Les attributions et rôle sont conformes à ceux du Wolijah sauf que le Wolileader a le don des songes qu'il peut parfaitement expliquer.

Aussi, le Wolileader est-il un supérieur hiérarchique du Wolijah.

Choisi comme le Wolijah parmi les visionnaires, il évolue comme ce dernier suivant quatre ordres hiérarchiques : Assistant-Wolileader, Wolileader, Senior-Wolileader et Vénérable Senior-Wolileader.

Tout comme le Wolijah, le Wolileader ne peut pas accéder à un autre ordre que celui des visionnaires, il ne peut en conséquence pas devenir Evangéliste.

III – Les Leaders ou Responsables des Eglises

A) Le Leader

Les Responsables de l'Eglise du Christianisme Céleste appelés Leaders sont des fidèles dignes de confiance, ayant montré qu'ils aiment l'Eglise et les gens. D'une conduite exemplaire, désireux de se consacrer au service de Dieu, connaissant la Bible et la doctrine chrétienne, ils sont placés dans les endroits où il faut des bergers pour distribuer aux chrétiens et aux païens les bienfaits de la Parole de Dieu.

Le Leader soit être connu de tous les fidèles et se connaître lui-même sous le rapport du travail.

Il est le prédicateur de sa paroisse et sous cet angle, il annonce l'Evangile aux païens. Il est placé parmi les païens pour faire arriver devant eux et près d'eux l'Evangile de Jésus qu'ils ne se donneraient pas la peine d'aller chercher à distance. Il est parfois placé dans un coin du pays où tout est encore dans la noirceur des ténèbres du paganisme afin qu'il apporte la lumière du ciel dans les villages et les hameaux. Comme disait (Esaïe 49 : 6) « Je t'établis pour être la lumière des nations, pour porter mon salut jusqu'aux extrémités de la terre ». Voilà son ministère, un ministère de toute beauté sans doute, mais un ministère qui n'est pas de tout repos.

Aux chrétiens qu'il a pu trouver sur place dans le coin du pays qui lui a été confié et à ceux qu'il a pu former par un travail assidu et persévérant dans le cadre de son ministère (conversion des païens), il doit prodiguer de fructueuses instructions ou dans la Maison de Dieu ou lors de ses fréquentes visites au domicile des uns et des autres.

Il les instruit, c'est à dire qu'il leur explique les « choses de Dieu », les mystères de l'Evangile et les devoirs du chrétien.

Il nourrit ainsi et enrichit leurs âmes, soufflant à tous une foi ardente en Jésus-Christ, suscitant en eux l'amour et la crainte de Dieu.

i) Les charges du Leader

[*] Il organise et dirige les cours bibliques. Il peut solliciter dans cette tâche la collaboration des Doyens (Alagbas) qui sont bien versés dans la connaissance biblique et ceux-ci lui doivent cette assistance.

[*] Il organise et dirige les classes de chants. Il peut demander dans cette tâche la collaboration des Doyens (Alagbas) et des Devanciers (Dèhoto) ceux-ci étant tenus de répondre à son appel.

[*] Il prépare et conduit les cultes de la semaine et peut en l'occurrence se faire aider des Doyens et Devanciers.

[*] Il s'occupe de la propreté et de la sanctification du Temple et des vêtements sacerdotaux et cela avec la collaboration des Devancières et des Surveillantes de l'Eglise.

[*] A côté de chaque temple se trouve une maison des malades appelée « ABOGLO ».

[*] Le Leader à la charge de veiller sur les malades tel un Infirmier qui garde ses malades. Il a le devoir de les soigner en consultant pour eux l'Eternel par le biais de la vision et en accomplissant à la lettre toutes les directives de l'Eternel. Il n'invente rien mais il agit comme un Infirmier qui applique strictement les traitements convenant à ses malades. IL ne doit pas cesser de secourir ses malades par des prières réitérées. Pour cela, il se fait aider par les Doyens (Alagbas), les Devanciers (Dèhoto) de l'Eglise. Il s'adjoint la collaboration intime de son Wolileader ou Wolijah et aussi de son équipe de visionnaire.

[*] De plus, il surveille ses paroissiens et veille à leur bonne conduite, afin de les reprendre quand ils font ce qui est mal et de les encourager quand ils font ce qui est bien ; il les dirige dans la voie de Dieu ; il les aide à vaincre tentations et convoitises. Il s'efforce de les amener à renoncer aux coutumes païennes qui sont encore attachées à leur vie comme une gale qui ne veut pas disparaître.

[*] Tout cela appelle un travail ardu, difficile mais fructueux. Tout cela exige des efforts constamment renouvelés.

[*] Enfin, le Leader est un modèle à suivre. Il est le modèle du troupeau et doit en conséquence se montrer un modèle de bonnes œuvres par un enseignement pur, une parole saine, une conduite irréprochable. IL montre à tous les hommes ce qu'est le Christianisme en le représentant par les paroles de sa bouche, en se faisant l'image vivante, visible de l'homme de Dieu et du vrai chrétien : Voilà encore une de ses tâches. O combien lourdes mais grandes et précieuses. O Leader ! ton ministère est grand et précieux. Dieu t'a appelé à une tâche digne de louange. Considère ce que tu es, mesure constamment l'ampleur et la grandeur des lourdes tâches qui t'incombent afin de les accomplir en toute connaissance de cause, avec fidélité, avec soin, avec amour.

ii) Les droits du Leader

[*] La charge de Leader est gratuite.

[*] Dans les grandes paroisses, le Leader en charge de l'Eglise a droit à un logement pour lui-même et sa famille.

[*] Il a le droit de percevoir la dîme sur les quêtes de la semaine.

[*] Il vend les bougies, l'encens et l'huile sainte et le bénéfice de ces ventes lui servent dans ses besoins.

La maison du Leader en charge devant répondre adéquatement aux exigences de ces fonctions doit être bâtie le plus près possible du temple sans pour autant lui être confondue. C'est une image du devoir qui lui incombe de se différencier des autres hommes, afin de vivre pour le service de Dieu.

Il a été mis à part, qu'il soit vraiment un homme à part, qu'il se tienne à part afin d'être plus près des fidèles pour un emploi rationnel de son temps qu'il doive nécessairement détourner des choses vaines du monde pour le consacrer à sa propre éducation, à l'éducation et au bonheur véritable de ses paroissiens.

B) Ordre Hiérarchique des Leaders

CRITERES ESSENTIELS DU CHOIX DES LEADERS :

Vu la charge dévolue à un Leader, celui-ci est nécessairement choisi parmi les Doyens (Alagbas) les expérimentés et incontestablement cultivés.

Outre sa connaissance parfaite de la Bible et une aptitude particulière aux prédications partout où cela s'avère nécessaire, il doit pouvoir parfaitement conduire le culte et faire preuve de dévouement total à l'égard de l'Eglise, avoir le culte de l'ordre et de la discipline, le sens des responsabilités, de la hiérarchie, de l'organisation et savoir enfin gérer les biens de l'Eglise en bon père de famille.

L'Ordre des Leaders comprend quatre groupes hiérarchiques :

1) L'Assistant Leader

[*] Confirmation : En principe troisième onction

[*] Habillement :

[*] Robe de prière ordinaire,

[*] Surplis moyen sans dentelle,

[*] Sangle à une croix et frangée de jaune.

2) Le Leader

[*] Confirmation : En principe 4ème onction.
[*] Habillement :
[*] Robe de prière à poignet mousquetaire,
[*] Surplis moyen sans dentelle,
[*] Sangle à trois croix et frangée de jaune.

3) Le Senior Leader
[*] Confirmation : En principe 5ème onction.
[*] Habillement :
[*] Robe de prière à poignet mousquetaire,
[*] Surplis blanc avec dentelle,
[*] Sangle à trois croix frangée de jaune,
[*] Barrette tricorne de même couleur que le surplis.

4) Le Vénérable Senior Leader
C'est parmi les Vénérables Senior Leaders que se recrutent les Evangélistes.
Le Vénérable Senior Leader est discrétionnairement choisi par le Révérend Pasteur-Prophète lui-même. En l'occurrence aucune proposition ne peut émaner ni du Leader en charge ni du Comité paroissial : le choix du Vénérable Leader relève exclusivement du pouvoir discrétionnaire et de l'inspiration du Pasteur-Prophète.

[*] Confirmation : En principe sixième onction.
[*] Habillement :
[*] Robe de prière à poignet mousquetaire,
[*] Surplis jaune brodé de dentelle avec une bande de toile bleue portée en bandoulière,
[*] Sangle blanche frangée de jaune et marquée de trois croix,
[*] Barrette tricorne de même couleur que le surplis.

Une même paroisse peut compter plusieurs Leaders mais seuls les Seniors Leaders, les Seniors Wolijahs ou Wolileaders et leurs supérieurs hiérarchiques ont le droit de s'asseoir dans le chœur tout autour de l'Autel. Le reste des Leaders, gardent le premier rang de l'assistance avec les Alagbas, les Seniors Alagbas pouvant s'asseoir juste après le chœur et dans une position perpendiculaire à la nef.
[*] Les femmes suivent les mêmes hiérarchies que les hommes ; elles portent les mêmes habits que les hommes mais ne peuvent pas suivre l'ordre des Leaders.

IV) LES EVANGELISTES
Ils sont exclusivement recrutés parmi les Vénérables Seniors-Leaders par le Pasteur-Prophète qui définit, détermine leurs attributions et rôles et procède le cas échéant à des délégations de pouvoir habilitant l'Evangéliste à accomplir des actes relevant des prérogatives du Révérend Pasteur : Baptême, Sainte Cène.

ORDRE HIERARCHIQUE DES EVANGELISTES

a) Assistant Evangéliste
[*] Confirmation : En principe plus de 6 onctions
[*] Habillement :
[*] Robe de prière à poignet mousquetaire,
[*] Surplis jaune, assez long et sans dentelle,
[*] Sangle blanche frangée de jaune avec trois croix à chaque extrémité.
[*] Barrette de la même couleur que le surplis.

b) Evangéliste
[*] Confirmation : Plus de 6 onctions en principe.
[*] Habillement :
[*] Soutane blanche,
[*] Surplis assez long, largement fendu par devant, de couleur jaune,
[*] Bande de toile bleue portée en bandoulière,

[*] Sangle blanche frangée de jaune avec trois croix à chaque extrémité et trois croix en escaliers au centre,
[*] Barrette de la même couleur que le surplis.

c) Senior Evangéliste
[*] Confirmation : En principe plus de 6 onctions.
[*] Habillement :
[*] Soutane blanche,
[*] Surplis bleu assez long, largement fendu par devant, de couleur jaune,
[*] Bande de toile bleue portée en bandoulière,
[*] Sangle blanche frangée de jaune avec trois croix à chaque extrémité et trois croix en escaliers au centre,
[*] Barrette de la même couleur que le surplis.

V) LES RESPONSABLES D'EGLISE
Ce chapitre s'adresse à tous les Responsables d'Eglise depuis la hiérarchie des Leaders, Wolijahs, Wolileaders jusqu'à celle des Evangélistes.

Le Responsable d'Eglise est une personnalité religieuse jouissant des prérogatives et des rangs d'un grand dignitaire dans l'Eglise du Christianisme Céleste.
C'est un homme qui annonce l'Evangile du Seigneur Jésus-Christ.
Il reçut la charge d'être la bouche de Dieu parmi les autres hommes, répétant ce que le Seigneur et les Apôtres ont dit, ce qui a été conservé dans la Bible. En effet, les Pasteurs agissent d'après cette parole de l'Apôtre Paul : « Ce que tu as entendu de moi en présence de beaucoup de témoins, confie-le à des hommes fidèles. Qui soient capables de l'enseigner aussi à d'autres » (II Tim. 2 : 2).
Voilà le fondement de la carrière du Responsables d'Eglise. C'est un berger, un de ceux que saint Paul exhortait en disant : « Prenez garde à vous-mêmes et à tout le troupeau sur lequel le Saint-Esprit vous a établi évêques pour paître l'Eglise du Seigneur qu'il s'est acquis par son propre sang » (Ephésiens 4 : 11).

A) La vie du Responsable d'Eglise
C'est un brave homme, l'ami de tout le monde, des païens et des chrétiens, des chefs et des sujets. Il doit surpasser les autres par sa sagesse, sa culture, son utilité. Il est le serviteur des hommes, ne faisant pas acception des personnes, les aimant tous. Sa première préoccupation, c'est évidemment de leur donner l'évangile de Jésus. Il est le conseiller de tous. Les Responsables d'Eglise vivent dans les choses élevées, saintes et bienfaisantes de Dieu. Leurs pensées et leurs desseins ont pour but final les intérêts de Dieu. Ils imitent Jésus, ils le suivent. Leur personne et leur temps sont remplis de Jésus et de son service. « Ils n'ont pas de plus grande joie que d'apprendre que leurs enfants marchent dans la vérité » (III Jean 4).
Ils doivent éviter de faire leur travail avec formalisme et duplicité. Ils doivent se montrer vrais chrétiens dont le cœur est pur, exempt de tout mauvais sentiment. Ils doivent être francs, zélés, pleins de foi, d'amour, d'intelligence, communiant toujours avec leur maître, observant soigneusement l'exemple de Jésus, remplis qu'ils sont de Saint-Esprit.
Aussi, le ministère des Responsables d'Eglise présente-t-il beaucoup de difficultés. Leur tâche est lourde et assez pénible. Ils doivent contribuer à la culture des fidèles et prêter leur assistance à tout nécessiteux quelle que soit sa tendance religieuse. Cette tâche est d'autant plus pénible qu'ils doivent parfois savoir trouver des solutions adéquates à divers problèmes essentiellement délicats en particulier ceux d'ordre psychologique et moral. Quand ils essaient de relever ceux qui sont tombés, ils ressemblent à un médecin qui met ses mains dans les blessures purulentes, mais ils doivent être fermes. C'est pour cela que les Pasteurs doivent prendre conscience de l'importance de leur rôle, toujours s'examiner, s'aiguiser afin de ne jamais perdre leur capacité de réussir. C'est pour cela que les Pasteurs doivent apprendre le métier de Pasteur, alors que déjà ils l'exercent.
Ces mots de Louis Pasteur doivent leur servir de devise : « Regarder en haut, apprendre au-delà, chercher à s'élever toujours ».
Saint-Paul a dit : « Soyez mes imitateurs, comme moi-même, je suis celui du Christ » (I Cor. 11 : 1).
Ah ! Pasteurs mes frères, redoutez l'orgueil, et gardez-vous des tentatives de l'autorité et de l'esprit de grandeur. Répétez-vous sans cesse la recommandation de Saint-Pierre : « Paissez le troupeau

de Dieu qui est sous votre garde..., non comme dominant sur ceux qui vous sont échus en partage, mais en étant les modèles du troupeau » (I Pierre 5 : 2-3).

B) L'autorité des Responsables d'Eglise
Que doivent faire les Pasteurs pour avoir prestige et autorité ? Ils doivent se rendre dignes du titre de « homme de Dieu ». On respecte le Responsable d'Eglise qui est respectable.
Ils doivent être saints, c'est-à-dire faire le bien et ne pas faire le mal. « Que leur 'Oui' soit 'Oui', et que leur 'Non' soit 'Non' » (Math. 5 : 37).
Ils doivent être justes dans leurs jugements et dans leurs louanges, dans leurs réprimandes, et dans leurs éloges. Ils doivent être impartiaux. Qu'il n'y ait aucune iniquité quand ils parlent des gens, quand ils proclament les commandements de Dieu et les devoirs des chrétiens.
De caractère agréable, abordables et sympathiques, alliant harmonieusement fermeté et souplesse, ils doivent en toute circonstance agir, comme le dit Kant, de façon à considérer l'humanité en eux-mêmes et en la personne d'autrui non pas comme un moyen mais toujours comme une fin.
Le Responsable d'Eglise doit être l'ami, non de certaines personnes mais de tous. Qu'il veille à ce que, quelle que soit la chose dont on parle, il puisse dire son opinion en toute liberté de cœur, sans faire acception de personnes, sans être lié par son amitié pour certaines personnes ou par les sentiments de reconnaissance pour des cadeaux qu'il aurait reçus. Que sa familiarité avec les gens ne nuise pas à son ministère ?
Toutes ces considérations s'accordent pour indiquer une seule et grande chose, à savoir que le Pasteur doit s'efforcer d'être tel « Que Jésus fasse voir en lui le premier toute sa longanimité pour tous ceux qui croiront en lui pour la vie éternelle » (Tim. 1 : 16).
En définitive, on a confiance dans le Pasteur dont la conduite est bonne, et on suit son exemple. C'est là sa supériorité et c'est là le vrai ministère.
Comme disait Paul à Tite, « Toi Pasteur Montre-toi toi-même un modèle de bonne œuvre, en donnant un enseignement pur, digne une parole saine, irréprochable afin que l'adversaire soit confus, n'ayant aucun mal à dire de toi » (Tite 2 : 7-8).
Ces conseils s'appliquent non seulement aux Pasteurs mais aussi à tous responsables de l'Eglise.

C) La conduite des Responsables d'Eglise
Grand dignitaire de l'Eglise, le Responsable d'Eglise doit par sa conduite et son comportement, servir de modèle et d'exemple vivant au troupeau amour et respect.
C'est pour ces raisons que Saint-Paul disait à Timothée : « Veuille sur toi-même et sur ton enseignement parce qu'il serait pénible pour toi que tu doives te condamner toi-même, puisque toi qui juges les autres tu fais les mêmes choses qu'eux ».
Les Responsables d'Eglise doivent en conséquence avoir constamment présents à l'esprit les points essentiels du Règlement intérieur de l'Eglise.
« Ne sois pas adonné au vin » (I Tim. 3 : 3).
Nous devons en effet, nous méfier du pot de bière ou de vin ou de toute autre boisson enivrante qu'offrent les amis lorsqu'on leur rend visite. L'habitude des boissons enivrantes conduit aux excès de toutes sortes : excès de table, bavardages inutiles, plaisanteries déplacées, médisances et calomnies etc.....
La bouche sacrée du Responsable d'Eglise, faite pour dire les « choses de Dieu » et sauver les hommes ne doit pas être profanée en disant des mensonges, des calomnies, des sottises ou des impuretés.
Peut-on avoir confiance en un Pasteur qui ne sait pas tenir sa langue en bride ?
Le Pasteur doit donc éviter le plus possible les bavardages inutiles, les visites inutiles. Cela n'exclut pas les visites d'ailleurs recommandées qu'il rende dans le cadre de son ministère à ses paroissiens pour s'intéresser à leur vie et à leurs problèmes.
Le Pasteur doit être nécessairement sociable afin que les gens n'hésitent pas à l'aborder pour lui faire partager leurs soucis, lui exposer leurs problèmes dans l'espoir qu'il les aiderait à trouver des solutions heureuses à ces problèmes.
Mais, le Responsable d'Eglise doit être très prudent dans le choix de ses familiers et relations et suivre en l'occurrence les conseils de Saint-Paul aux Corinthiens : « N'ayez pas de relations avec les impudiques, n'ayez pas de relations avec quelqu'un qui se disant frère, est impudique, ou cupide, ou idolâtre, ou outrageux, ou ivrogne, ou ravisseur » (I Cor. 5 : 10-11) et Saint-Paul conseillait même de ne pas manger avec un tel homme.

Les amitiés dont les Pasteurs doivent se garder, ce sont celles avec les femmes. Toutefois, les femmes sont des personnes bonnes et sans fautes.

Dans l'Eglise, dans les affaires de Dieu, ce sont des vaillantes. Elles ont dans la société chrétienne beaucoup de sagesse et une très belle influence. Néanmoins cette règle subsiste: un homme ne doit pas se lier avec une femme ».

Or, les Responsables d'Eglise sont tenus de parler avec tout le monde, avec les hommes, avec les femmes, avec les vieux, avec les jeunes. Alors que faire pour être en sécurité ? Nous proposons ce conseil d'un missionnaire : « Quand une femme vient à un devancier de l'Eglise pour un entretien religieux, qu'ils s'associent en dehors de la maison, là où ils peuvent être vus, mais pas entendus. Ou bien qu'ils se tiennent dans la maison, mais en laissant la porte ouverte ».

« Quand la porte est fermée, Satan entre, quand la porte est ouverte, Satan n'entre pas ».

Les Responsables d'Eglise doivent éviter le favoritisme et les préférences. Comme écrivait Saint-Jacques : « Que votre foi en notre Seigneur Jésus-Christ soit étrangère à toute acception de personnes » (Jacques 2 : 1).

L'Homme sage regarde tous les hommes d'un même œil et d'un même cœur.

D) Le Travail des Responsables d'Eglise

1) Les Responsables d'Eglise et les fidèles

Ils doivent œuvrer afin que le nom de Dieu ne soit pas blasphémé parmi les païens à cause de ses ouailles. Par conséquent, ils doivent écouter attentivement Saint-Paul : « Ceux qui pêchent, reprends-les devant tous, afin que les autres aussi éprouvent de la crainte » (I Tim. 5 : 20.

Quoi qu'il en soit, que les Responsables d'Eglise parlent modérément des bruits de péché qui circulent car soupçon n'est pas conviction. Ils doivent suivre avant de se prononcer la recommandation de Saint-Paul : « Ne reçois point d'accusation si ce n'est sur la déposition de deux ou trois témoins » (I Tim. 5 : 19).

Il est bon que chaque paroisse du district soit connue de son Pasteur qui doit plus particulièrement s'intéresser le cas échéant à chaque paroissien. En conséquence, il doit accepter la visite que lui fait un chrétien pour lui parler des affaires de son âme. De plus, lui-même doit rendre visite à ses paroissiens et surtout les assister autant que possible pour les empêcher de tomber dans le péché.

Il a le droit de gronder, de critiquer, d'exhorter en cas de nécessité « Reprends, censure, exhorte avec toute douceur, et en instruisant » (II Tim. 4 : 2).

Mais il doit s'appliquer à mêler la louange à la critique, les félicitations aux reproches.

De même qu'il faut exposer le mal pour qu'il finisse, de même il faut montrer le bien pour qu'il augmente. En effet, quand un homme fait le bien et qu'on ne le remarque pas, il se lasse et croit travailler en vain. Mais celui à qui on dit : « cela va bien, bon et fidèle serviteur, tu as été fidèle en peu de chose, je te confierai beaucoup » (Math. 25 : 21-23), celui-là est encouragé et content, il naît en lui un regain de zèle et de fidélité pour les bonnes œuvres.

2) Les Responsables d'Eglise et les non-croyants

Au sujet des rapports des Responsables d'Eglise avec les païens, écoutons ce que disait Saint-Paul : « Le serviteur de Dieu doit avoir de la condescendance pour tous…, être doué de patience ; il doit redresser avec amour les adversaires dans l'espérance que Dieu leur donnera la repentance pour arriver à la connaissance de la vérité, et que revenus à leur bon sens, ils se dégageront des pièges du diable qui s'est emparé d'eux pour les soumettre à sa volonté » (Tim. 2 : 24-26).

Enfin, la chose essentielle, c'est que les Responsables d'Eglise doivent aimer les païens, qu'ils aient pitié d'eux et qu'ils leur fassent sentir cet amour, car l'amour caché ne sert à rien. Ensuite, qu'ils usent d'une grande patience envers eux. Qu'ils les aident dans leurs difficultés, qu'ils les visitent quand ils sont malades et les consolent dans leurs tristesses, qu'ils ne s'écartent pas d'eux en les considérant comme des endurcis, des incirconcis, des calomniateurs, des médisants.

Qu'ils ne s'éloignent pas d'eux parce qu'eux les méconnaissant, les évitent, les maudissent, etc.....

Qu'ils reconnaissent qu'ils sont des hommes de Dieu placés au milieu d'eux pour les instruire, les sauver, en suivant les exemples et les préceptes de Jésus. Si Jésus s'appelait « Fils de l'homme » le Responsable d'Eglise devrait s'appeler le frère des hommes.

Les Responsables d'Eglise doivent toujours savoir mettre en pratique les belles leçons de Jésus-Christ. « Aimez vos ennemis, bénissez ceux qui vous maudissent, faites du bien à ceux qui vous haïssent, et priez pour ceux qui vous maltraitent et qui vous persécutent » (Mat. 5 : 43-48).

3) Les Responsables d'Eglise et les autres religions
Réaffirmons ici une fois de plus ce que nous avions eu l'honneur d'écrire en son temps dans le « J.O.D. » et dans la « Croix » : « Nous sommes respectueux des croyances de nos concitoyens et considérons tous ceux qui croient en un Jésus-Christ comme nos frères en Christ, en tant que tels, méritent notre admiration ».

4) Les Responsables d'Eglise et les Autorités publiques
Pour être Responsable d'Eglise, on n'en est pas moins un citoyen de son pays, on n'est pas pour autant soustrait aux devoirs nationaux. Le Responsable d'Eglise au contraire les accepte et les accomplit en véritable patriote. Il s'impose par ailleurs le devoir de montrer que le chrétien est un citoyen conscient, éclairé, et qui répand partout les bienfaits du Christianisme.
Le Responsable d'Eglise a nettement conscience de ses droits et devoirs de citoyen. De même qu'il est prêt le cas échéant à revendiquer ses droits (les libertés individuelles entre autres) de même, il accomplit fidèlement ses devoirs vis-à-vis de la Nation.
Sa personne et sa vie sont entièrement mise au service de la Nation. C'est ainsi qu'il se montre digne de la confiance et du respect qu'éprouvent à son égard et ses compatriotes et les Autorités en place.

5) Les Responsables d'Eglise et les paroisses
Le Responsable d'Eglise d'un district doit régulièrement entreprendre des tournées de prise de contact avec chaque paroisse de son district. Il donnera l'exemple en prêchant le long de ces tournées.
Il est le serviteur de Dieu et l'imitateur de Jésus, par conséquent, il doit faire briller sur les paroisses le soleil du bienfaisant Christianisme Céleste.

E) Droits et charges des Responsables d'Eglise du District
a) Les Responsables d'Eglise sont placés à la tête de chaque district (le district correspondant en principe au Département) : autant de Départements administratifs autant de districts.
Au fur et à mesure donc de l'évolution de l'Eglise, chaque district aura son responsable.
Dans l'administration de son district, le responsable de district travaille sous les ordres directs du Pasteur-Prophète Fondateur. Tous les Responsables de district sont directement responsables devant le Pasteur Fondateur.

b) La charge de Responsable d'Eglise de district est gratuite
Le Responsable d'Eglise baptise les fidèles de son district et contresigne les livrets de baptême signés de l'Evangéliste.
De même, il distribue la communion aux fidèles de son district, préside ans son district aux cultes d'Action de grâce, fête des moissons, ventes de charité, entouré des Evangélistes du district et aux côtés du Pasteur-Prophète.
Il collecte les frais de baptême, de cérémonies d'onction concernant les fidèles de son district, récupère les deniers du culte ou « classes », prélève la dîme sur les recettes diverses de chaque paroisse de son district et les verse au Pasteur-Prophète qui lui accorde une ristourne équivalant au tiers de la collecte.
Dans le cadre de leur ministère, les Pasteurs de district reçoivent chez eux les fidèles et tous intéressés qui en éprouvent le besoin.

F) La maison des Responsables d'Eglise
Tout comme celle du Leader en charge d'une paroisse, la maison du Responsable d'Eglise sera construite à part sur un terrain consacré à l'Eternel. Cette construction sera l'œuvre de tous les fidèles du district. Cette maison sera propriété indivisible de l'Eglise du Christianisme Céleste et non de la famille du Responsable d'Eglise.
De préférence, cette maison sera construite à côté du temple d'une paroisse choisie par le Responsable d'Eglise après avis du Comité directeur et approbation du Pasteur-Prophète Fondateur.
Il y a une loi qui lie tous les serviteurs de l'Eglise (Leaders, Responsables d'Eglise, etc.) en vertu de laquelle ce qui est construit ou planté sur le terrain de l'Eglise appartient à l'Eglise. Quand le titulaire s'en va, il le laisse à son successeur.
Lorsqu'un terrain ou un bien est acquis à titre onéreux ou gratuit par l'Eglise, les Leaders, Responsables d'Eglise ou tout autre responsable intéressé n'en a que la jouissance.

G) Le mariage des Responsables d'Eglise

Nous savons que dans certains pays, les Responsables d'Eglise et Prêtres sont liés par les vœux du célibat et que certains Responsables d'Eglise de diverses églises préfèrent le célibat au mariage et pourtant vivent en toute pureté, aussi leur rendons-nous ici les hommages les plus mérités.

Cependant, à l'instar de Saint-Paul, nous n'hésitons pas à affirmer qu'un Responsable d'Eglise du Christianisme Céleste doit être marié (I Timothée 3 : 2).

Il est bon que le Leader ou le Responsable d'Eglise soit marié. C'est bon pour lui-même et c'est bon pour l'Eglise et c'est un exemple pour les païens.

Cependant, et dans ce domaine précis, nous n'avons pas mis un accent particulier sur ce sacrement délicat. Il nous semble superflu de faire peser sur nos membres le joug d'un vœu difficile à tenir et non obligatoire.

Le Responsable d'Eglise ou le Leader ou le chrétien doit vivre dans la justice et la prière. Il doit bien élever ses enfants, les instruire par de bonnes paroles et de bons exemples, le réprimander, les pousser à l'obéissance. Il doit s'efforcer de bien gouverner sa maison, en se tenant sans cesse devant Dieu et en disant : « Me voici avec les enfants que tu m'as donnés » (Hébreux 2 : 13) et « Quant à moi et à mes enfants, nous servirons l'Eternel » (Jos.24 : 15).

Sur ce point, « Ecoutons Saint-Paul : « Il faut dit-il qu'il dirige bien sa propre maison et qu'il tienne ses enfants dans la soumission et dans une parfaite honnêteté, car si quelqu'un ne sait pas diriger sa propre maison, comment prendrait-il soin de l'Eglise de Dieu ? » (I Tim.3 : 4-5 et 12).

Cela se passe de commentaire.

En effet, il serait déplorable d'avoir à constater que les beaux enseignements qu'un homme prodigue à l'Eglise sont aux antipodes de ceux qu'il met en pratique chez lui. Ne serait-ce pas en faisant apporter de l'eau au moulin de ses propres détracteurs ?

Comment le Responsable d'Eglise osera t-il mettre les fidèles en garde contre l'adultère quand lui-même s'amuse à commettre des délits d'adultère ?

Comment luttera-t-il contre les calomnies et médisances s'il ne sait pas maîtriser sa langue, s'il oublie trop souvent que : « Ta langue est ton lion, si tu le lâches il te mord et blesse ton prochain ».

Comment saura t-il redresser les coléreux quand lui-même s'énerve à tout propos ?

Par contre, chez eux les Responsables d'Eglise ont besoin d'aides précieuses, ces aides, ce sont leurs femmes. Aussi Saint-Paul déclare-t-il à ce sujet : « Les femmes des serviteurs de l'Eglise doivent être honnêtes, non médisantes, sobres, fidèles en toutes choses » (I Tim. 3 : 11).

Il est expressément recommandé (Noblesse oblige) aux Responsables d'Eglise, leurs femmes leurs enfants de même qu'aux Leaders et divers Responsables de l'Eglise de marcher fidèlement dans la voie de Dieu. La Responsabilité, la dignité de l'Eglise et de la paroisse sont, avant tout, à ce prix !

VII REGLEMENT INTERIEUR DE L'EGLISE DU CHRISTIANISME CELESTE

Dans le souci de voir évoluer l'Eglise du Christianisme Céleste sur des bases claires et solides qui puissent lui garantir la bonne moralité Chrétienne, l'ordre et la discipline ainsi qu'une formation spirituelle et morale adéquate de ses fidèles, certaines lois et certains règlements sont édictés par le Pasteur-Prophète, Fondateur de l'Eglise.

TITRE PREMIER

DES LOIS

CHAPITRE PREMIER : Délits d'adultère

N'aimez point le monde, ni les choses qui sont dans le monde. Si quelqu'un aime le monde, l'amour, du Père n'est point en lui. Car tout ce qui est dans le monde : la convoitise de la chair, la convoitise des yeux, et l'orgueil de la vie, ne vient point du Père,» mais vient du monde. Car le monde passe et sa convoitise aussi ; mais celui qui fait la volonté de Dieu demeure éternellement; » (I JEAN 2: 15, 16 et 17).

Article premier :

L'Eglise du Christianisme Céleste est un lieu Saint, une maison de, prière que tout le monde doit respecter

— Nul ne doit commettre l'adultère et demeurer au sein de l'Eglise.

Art. 2. -- La femme qui abandonne son mari après l'avoir converti au Christianisme Céleste ne pourra plus prendre un nouveau mari tout en demeurant Chrétienne céleste à moins que ce soit le mari qui lui-même l'ait répudiée.

Art., 3. —La femme qui commet un délit d'adultère avec un membre du Christianisme Céleste sera expulsée de la religion avec son complice. Il suffit alors qu'une commission d'enquête ait établi et confirmé leur culpabilité

Art.4. --De même la femme qui commet un délit d'adultère avec une autre personne qu'un chrétien Céleste ou celle qui recourt aux gris-gris, drogues, toutes sorte de sortilège sera systématiquement expulsée de l'Eglise.

CHAPITRE II

Période menstruelle des femmes

Art.5. – la femme pendant sa période menstruelle, doit s'abstenir de fréquenter le temple et les lieux de réunion de l'assemblée chrétienne.

Elle restera sept jours dans son impureté. Puis elle lavera ses vêtements et son corps avec de l'eau sanctifiée et elle sera pure.

Art.6. – La femme qui aura un flux de sang pendant plusieurs jours hors de ses époques régulières ou dont le flux durera plus qu'à l'ordinaire, sera impure tout le temps de son flux, comme au temps de son indisposition menstruelle.

Lorsqu'elle sera purifiée de son flux, elle comptera encore deux jours avant de reprendre les activités spirituelles.

Art.7. – l'homme qui a la gonococcie ou qui couche avec une femme pendant sa période menstruelle devient lui aussi impur et doit respecter les règles de la pureté et s'éloigner de l'assemblée chrétienne pendant toute la période de son impureté (Lev 15 : 19-31).

CHAPITRE III

Les femmes enceintes

Art.8. – Lorsqu'une femme viendra enceinte et qu'elle enfantera, elle sera impure pendant quarante jours.

Mais le 8e jour le nouveau-né, sans la mère, est amené à l'église accompagné de parents pour les « cérémonies de sortie de l'enfant » au cours desquelles ce dernier reçoit un prénom.

Art.9. – Pendant ce temps d'impureté, la mère ne touchera aucune chose sainte et elle n'ira pas au temple et n'assistera même pas aux réunions de l'assemblée.

Art.10. – Lorsque les jours de sa purification seront accomplis, elle se présentera avec son enfant au temple et remerciera l'éternel Dieu de ses bienfaits. (Lev. 12)

CHAPITRE IV

Lois relative à toutes souillures dans l'Eglise

Art. 11-12— Défense de prendre des boissons alcoolisées, et du tabac.

Certes, le monde, aujourd'hui compte beaucoup d'idolâtres. On se prosterne devant la déesse du plaisir. Mais notre culte sera toujours vain si nous n'adorons pas Dieu comme il le veut et l'exige dans sa parole-; « Dieu est Esprit et il faut que ceux qui l'adorent, l'adorent, en esprit et en vérité (JEAN 4 : 24).

« Tu ne boiras ni vin, ni boissons enivrante, toi- et tes fils avec toi afin que vous puissiez distinguer ce qui est saint de ce qui est profane. Ce qui est impur de ce qui est pur a dit l'Eternel Dieu à Aaron le premier Sacrificateur de l'ancien testament. (Lev. 10/9)

« Le vin est moqueur, les boissons fortes sont tumultueuses. Quiconque en fait excès n'est pas sage (Prov. 20 : 1).

« Mais eux aussi (Les Sacrificateurs) ils chancellent dans le vin et les boissons fortes leur donnent des vertiges ».

« Sacrificateurs et prophètes chancellent .dans les boissons fortes. Ils sont absorbés par le vin. Ils ont des vertiges à cause des boissons fortes. Ils chancellent en prophétisant, ils vacillent en rendant la justice. Toutes les tables sont pleines de vomissements, d'ordures. Il n'y a plus de place » disait Esaïe dans son chapitre 28 Versets 7 et 8.

EZECHIEL s'écria : « Aucun sacrificateur ne boira du vin lorsqu'il entrera dans le parvis intérieur (Ez. 44-21).

« Pour qui les ah ? Pour qui les hélas ? Pour qui les disputes ? Pour qui les plaintes? Pour qui les blessures sans raison? Pour qui les yeux rouges ? Pour ceux qui s'acharnent auprès du vin. Pour ceux qui vont, déguster du vin mêlé.

« Ne regarde pas le vin qui paraît d'un beau rouge, qui fait des perles dans la coupe et qui coule aisément. Il finit par mordre comme un serpent et par piquer comme un basilic. Tes yeux se porteront sur des étrangères et ton cœur parlera d'une manière perverse. Tu seras comme un homme couché au milieu de la mer, comme un homme couché sur le sommet d'un mât.

« On m'a frappé............ Je n'ai point de mal.

« On m'a battu............ Je ne sens rien.

« Quand me réveillerai-je ... J'en veux encore » (Prov. 23 ; 29 et fin)

Mais plus près de nous St. Paul écrit « Marchez selon l'Esprit' et vous n'accomplirez pas les désirs de la chair.

« Or les œuvres de la chair sont manifestées. Ce sont l'impudicité, la dissolution, l'Idolâtrie, la magie, les inimités, les querelles, les jalousies, les animosités, les disputes, les divisions, les sectes, J'envie, l'ivrognerie, les excès de table et les choses semblables. Je vous dis d'avance comme je l'ai déjà dit que ceux qui commettent de telles choses n'héritent point le royaume de Dieu ». (Galates 5 : 19 à 21).

Aussi, l'usage des boissons enivrantes et du tabac est-il expressément interdit à tous les membres du Christianisme Céleste.

TITRE II :

Des Règlements

CHAPITRE PREMIER :

Tenue des membres au cours des cultes

Art. 13.— Les offices sont célébrés tous les dimanches, mercredis, vendredis, ainsi que le 1er jeudi de chaque mois

Art. 14. — Tous les fidèles: officiants et participants doivent s'abstenir de toutes conversations au sein du Temple pendant les heures des offices. Toutes conversations éventuelles entre personnes assistant au culte doivent se tenir discrètement hors du Temple.

Art. 15. — Les mères doivent s'occuper de leurs bébés, afin d'éviter des pleurs et des cris trop répétés. Si ces cris et pleurs persistent les mamans doivent aussitôt sortir-du Temple pour aller calmer leurs enfants au dehors.

Art. 16. — Le Temple étant un lieu Saint, il est formellement interdit d'y consommer fruits ou nourritures de toutes sortes pouvant "le salir ou le souiller".

Art. 17. — Nul ne doit adresser la parole aux officiants une fois qu'ils sont montés soit à l'autel soit au pupitre pour annonces, prédications ou lectures; toutes communications éventuelles doivent être données avant le culte.

Exceptionnellement, elles sont données séance tenante par écrit au Secrétaire en cas d'urgence d'annonce.

Art. 18. Il est également interdit aux Officiants de modifier l'ordre du culte sans l'autorisation préalable du Leader en charge de l'Eglise. En cas d'absence de ce dernier l'autorisation du Wolileaders; Wolijahs ou du Président du Comité paroissial est obligatoire.

CHAPITRE II :
Les annonces

Art. 19. — Les annonces doivent être faites par le Secrétaire Culturel. Celles-ci ne doivent prendre en aucun cas la forme d'une prédication.

Art. 20. — Le Secrétaire chargé de publier les annonces à l'Eglise fait part aux membres des faits importants survenus au sein de l'Eglise, publie les ordres émanant du Prophète Pasteur ou du Comité paroissial pour la bonne marche ' de '.'Eglise.

Art. 21.— Pendant les annonces, tous murmures ou chuchotements sont interdits.

Les personnes qui n'observeront pas cette règle seront contraintes de rester au dehors jusqu'à la fin du culte.

En cas de récidive, les intéressés seront écartés de l'Eglise pendant les cultes pour une période d'un mois.

Art. 22. — Les fidèles ainsi punis peuvent présenter leurs excuses au Comité paroissial qui, après étude peut remettre la sanction. Mais en cas d'incorrection caractérisée, la sanction peut être portée d'un mois à. trois mois et en cas d'insubordination, le Comité paroissial peut, après avis du Comité supérieur, prononcer l'exclusion temporaire de l'intéressé.

Art. 23. — Si les annonces doivent faire l'objet de critique de la part d'un membre qui en durait remarqué l'irrégularité, celui-ci s'adresse au Comité paroissial pour examen et règlement du problème.

Art. 24. — Si les annonces ne sont pas fondées et proviennent de sources douteuses ou d'idées fantaisistes du Secrétaire aux annonces, celui-ci s'expose aux mêmes sanctions que celles prévues aux articles 21 et 22.'

Art. 25. — En principe, les annonces ne doivent pas durer plus de cinq à dix minutes.

CHAPITRE III : De la prédication

Art. .26. — Prêcher, c'est publier l'Evangile ou la Bonne Nouvelle contenue dans la Sainte Bible. C'est expliquer les paroles de Dieu, à son peuple.

Art. 27. — Les prédicateurs sont les porte-paroles de Dieu. — Leur rôle consiste donc essentiellement à prêcher aux fidèles les paroles divines tirées des lectures bibliques du jour.

Art. 28. — Les prédicateurs, ne doivent pas s'inspirer de livres ou lectures contraires aux paroles de la Sainte Bible.

Art. 29.— Les prédications doivent être saines. Elles ne doivent revêtir aucun caractère polémique ni comporter des idées ou paroles étrangères à celles de l'Evangile.

Art. 30. — Il est interdit à tout prédicateur de critiquer durant la prédication le Secrétaire aux annonces que. Celles-ci soient quelque peu erronées ou complètement dénuées de tout fondement.

— En cas de contestation, le prédicateur ne doit pas profiter de l'occasion qui s'offre à lui pour se permettre: de résoudre seul une question relevant de la compétence exclusive du Comité paroissial.

Art.3l. —Tous les prédicateurs sans "exception sont tenus, d'observer strictement les dispositions de l'article 30.

Art. 32. — Tout prédicateur qui passe outre ces dispositions, se voit temporairement rayé de la liste des prédicateurs pour une durée de trois mois.

Art. 33. — Dans la mesure où l'intéressé reconnaît, sa faute et s'en repent devant le Comité paroissial, celui-ci peut statuer à nouveau sur son sort et atténuer ou annuler éventuellement la sanction.

Art. 34. — Mais en cas de récidive, l'intéressé' est définitivement rayé de la liste des prédicateurs après avis du Comité Supérieur.

Art. 35. — Les prédications sont faites ordinairement dans les langues ou dialectes courants du pays considéré.

—la prédication en langues étrangères n'est donc permise que si des Etrangers assistent au culte.

Art. 36. — Lorsque, exceptionnellement, le Prédicateur se voit obligé de prêcher dans une langue étrangère, d'un dialecte autre que ceux couramment parlés dans le pays considéré, l'autorisation, expresse du Comité paroissial est nécessairement requise.

CHAPITRE IV

Les Visions

Art. 37.— La Vision est une lumière qui permet à notre Eglise ainsi qu'à tous les fidèles d'avancer avec assurance dans la foi.

Art 38--Avant, d'énoncer toute vision, le Visionnaire, doit, jurer les mains levées devant Dieu et les hommes.

Art. 39. — Tout visionnaire doit se surveiller strictement et éviter de se faire payer pour un travail spirituel accompli à un tiers. C'est un don que nous avons reçu gratuitement et nous devons le donner gratuitement.

Art. 40. — Le Wolijah ou Wolileader doit en principe assister constamment à toutes les séances de vision et surveiller avec vigilance" le genre d'esprit qui anime et inspire le visionnaire.

Art. 41. — En cas d'absence d'un Wolijah ou d'un Wolileader, un Leader ou tout autre fidèle confirmé de l'Eglise doit les remplacer pour jouer le rôle de contrôleur des visionnaires. Il rendra ensuite^, compte à Wolijah ou Wolileader.

Art. 42..— Tout visionnaire à qui il serait de se sanctifier sera immédiatement signalé au Pasteur-Prophète qui se prononcera sur son-sort et décidera s'il est à même de continuer l'œuvre spirituelle.

Art. 43;— Les visionnaires ou fidèles qui possèdent un Autel chez eux ne peuvent avoir qu'un chandelier à trois bougies pour prier et sanctifier de l'eau aux fidèles et à leur famille. Mais ils n'ont pas le droit de procéder à des « expositions.» à domicile.

Art. 44. — Toutes prières, toutes expositions de personnes, toutes sortes de sacrifices résultant des visions ne doivent se faire qu'à l'Eglise et non à domicile.

Art. 45. — Les femmes visionnaires et même les devancières ne doivent en principe sanctifier ni eau; ni bougies, ni savons, ni parfums etc., ni procéder à des « expositions »

Ces activités sont dévolues, aux responsables de la paroisse, ou à défaut, aux fidèles confirmés (oints à l'huile Sainte).

Art. 46. — Les bavardages sont rigoureusement interdits pendant les opérations de visions. Nous devons craindre la présence de l'Eternel qui nous parle par la bouche du visionnaire; « l'Eternel me dit : ce qu'ils ont dit est bien. Je leur susciterai du milieu de leurs frères un prophète comme toi, je mettrai mes paroles dans sa bouche, et il leur dira tout ce que je lui commanderai » (Deut.18: 17-18).

Art. 47. — Toutes demandes de prières ou de visions dans les maisons des fidèles doivent être portées à la connaissance du Leader en charge de l'Eglise. Par ailleurs, les prières et visions aux domiciles des personnes étrangères à la paroisse nécessitent l'autorisation du Leader en charge avec consultation des devanciers de son entourage.

— De toute façon les pourboires sont rigoureusement interdits

Art. 48.— Les contre-visions sont interdites aux Wolijahs et Woleader. Leurs rôles consistent à l'encadrement des visionnaires et non les contrecarrer. Ils ont pour devoir de les former et de les aider à s'épanouir.

— Toutefois, ils doivent entrer en esprit afin de surveiller le déroulement des visions et pouvoir relever les erreurs d'interprétation.

Art. ' 49.— Les visionnaires ou les fidèles qui passent outre ces dispositions se verront appliquer les mêmes sanctions que celles prévues aux articles 32 à 34 du présent règlement intérieur.

CHAPITRE V

Divers

Art, 50— De la Chorale.

— La chorale est placée sous l'autorité du Leader en charge de la Paroisse. Elle est dirigée par un Responsable nommé par le Comité paroissial sur proposition du Leader.

— Le Responsable soumettra un règlement intérieur de son groupe à l'appréciation du Leader. Si celui-ci l'adopte, copie de ce règlement intérieur visée par le Leader est adressée au Comité paroissial.

—Les membres de la Chorale portent en plus de leur robe de prière une pèlerine courte bleue bordée de jaune.

— L'organiste porte un surplis blanc bordé de bleu.

— Toutes les chansons du Christianisme Céleste ayant été inspirées aux visionnaires et chantées par ceux-ci au cours dès leur vision, il est formellement interdit de célébrer les cultes avec des chansons autres que celles dictées par les visionnaires et qui sont écrites dans nos pamphlets.

— Toutefois, les chants composés et animés par des fidèles peuvent servir aux divertissements lors des séances de remerciements ou des séances récréatives.

Art. 51.— Les Robes de prière

—Le port d'une Robe de prière (et d'un bonnet pour les femmes) est obligatoire pour tout fidèle baptisé qui assiste au culte: l'accès du temple est donc formellement interdit à tout intéressé qui n'observe pas cette obligation.

—Toutefois, ceux qui sont en instance de baptême ne sont pas frappés par cette mesure qui à force de loi.

Art. 52.— Les fidèles appelés à changer, de robe prière par suite d'une promotion dans la hiérarchie des classes de l'Eglise doivent prendre contact avec le Leader en charge-de la paroisse intéressée pour recevoir des, instructions précises (dictées et transmises par le Pasteur. fondateur) sur forme de la nouvelle Robe à porte.

Art. 53:— Les Associations.

—Toute association ou groupement qui désirerait mener une activité quelconque au sein de l'Eglise doit obligatoirement déposer entre les mains du Président son règlement- intérieur pour étude par le Comité paroissial.

Art. 54. — La hiérarchie des officiants, celle relative aux dignitaires de l'Eglise, leurs rôles et attributions ainsi que leurs différents modes d'habillement sont définis entre autres renseignements d'importance dans notre brochure intitulée : « LUMIERE SUR LE CHRISTIANISME CELESTE ».

—Il est vivement recommandé à tout fidèle de se procurer, de lire attentivement pour l'assimiler et de faire lire dans son entourage cette brochure précieuse, source authentique de documentation précise sur l'Eglise du Christianisme Céleste.

Art. 55.—Maître d'Autel

—Il ouvre la procession encensoir en main. Encense au fur et à mesure que le Cortège s'avance dans le temple.

— Rentre dans l'autel, pose l'encensoir à sa gauche.

— Allume le candélabre.

— Après avoir suffisamment encensé l'autel et ses-pourtours, il descend jusqu'au vestiaire qu'il encense également.

— Il rejoint alors sa place tout en surveillant constamment, durant l'office, le candélabre pour le remplacement éventuel des bougies consumées.

Art. 56. — Du conducteur.

— Il conduit le culte et ne doit monter à l'autel qu'après son encensement et l'allumage du Candélabre.

— Il doit quitter l'autel peu avant la première lecture biblique.

Art. 57. — Des lecteurs.

— Ils sont obligatoirement choisis parmi les fidèles confirmés.

—Ils subissent toutefois un examen probatoire avant leur nomination et doivent régulièrement assister aux classes bibliques.

Art.58. — Des prédicateurs.

Ils sont désignés par le Leader en charge de la paroisse et choisis en principe exclusivement parmi les Leaders. Wolileaders, Wolijahs Alagbas et Aladoura assidus aux classes bibliques et bien versés dans les Ecritures Saintes.

Art. 59. — Des portiers ou surveillants.
— Ils sont chargés de la-discipline au cours des offices.
— Reçoivent et installent étrangers et invités.

— Rappellent à l'ordre les fidèles se livrant à des déplacements intempestifs, au sommeil, ou qui occupent indûment certaines places au sein du temple.

— Ils font aussi office de Maître d'autel.

— Portiers et Maîtres d'autel sont obligatoirement choisis parmi les fidèles confirmés et portent des robes de prière simple avec une sangle blanche bordée de bleu et marqué d'une croix.

Art. 60. — Création et prolifération des Eglises.

— Il est formellement interdit à tout fidèle, quel que soit son rang dans la hiérarchie des classes de créer une paroisse sans autorisation préalable du Pasteur-Prophète.

— De même la prolifération des paroisses (sans autorisation du Pasteur fondateur) dans les mêmes, secteurs, quartiers, agglomérations, villages etc. est strictement reprouvée;

Art. 61.— La pudeur, la décence et la nécessaire sauvegarde de la Respectabilité et de la dignité de notre Eglise, commandent l'interdiction à tous membres du Christianisme Céleste :

— De se laver aux carrefours des rues de jour comme de nuit,

— D''allumer ou jeter des bougies, canaris rameaux etc. dans les voies publiques,

— De pratiquer la cérémonie de « Koudio. » qui doit désormais faire place à des prières répétées à l'intention de l'intéressé,

— de faire usage d'amulettes ou de couteaux à double tranchant dits couteaux de St. Michel,

— d'attacher à l'entrée des chambres des bougies enveloppées de tissus blancs,

Ces pratiques frisant le charlatanisme et l'idolâtrie sont absolument contraires à nos principes et coutumes

TITRE III :

DES AFFAIRES ADMINISTRATIVES

CHAPITRE PREMIER :

Création et Organisation du Comité paroissial

Art 62.— Il est créé dans certains centres ou secteurs géographiques des cellules de l'Eglise du Christianisme Céleste, sections de l'Eglise-mère dont le siège est à Porto-Novo.

— La cellule couramment appelée Paroisse, est composée des fidèles de tous ordres (hommes, femmes, enfants), baptisés ou non, qui la fréquentent régulièrement, participent à ses activités et à sa vie et en-respectent les lois et règlements.

— Les paroisses placées, sous l'autorité supérieure du Pasteur-Prophète sont dirigées par des Comités dits Comités paroissiaux.

— Les membres des Comités paroissiaux doivent être, autant que faire se peut, remarquables par leur pondération, leur maturité d'esprit, leur sagesse et leur sens aigu des responsabilités.

COMPOSITION DES COMITES PAROISSIAUX

Art. 63. — Les Comités paroissiaux sont en principe composés comme suit :
1   Président ;
2   Vice-présidents;
1   Secrétaire ;
2   Secrétaires Adjoints ;
1   Trésorier ;
2   Trésoriers Adjoints ;
6   Conseillers hommes;
6   Conseillères femmes ;
6   Commissaires hommes ;
6   Commissaires femmes ;
Soit......... 33   membres

— Au cas où l'effectif d'une paroisse est tel que ce nombre ne peut être pratiquement retenu, il est indiqué de se contenter d'un Comité plus restreint.

Art. 64.— Les Leaders, Wolileaders et Wolijahs des paroisses sont des représentants de l'autorité spirituelle de l'Eglise.

—Ils ne sont pas pour autant membres de droit des Comités paroissiaux.

— Mais ceux qui parmi eux ne seraient pas élus aux Comités peuvent participer aux travaux desdits Comités avec voix consultatives et non délibérative.

CHAPITRE II : Attributions et rôle desComités

Art. 65.— En dehors des Affaires culturelles, les Comités paroissiaux sont dotés des pouvoirs les plus étendus en matière, d'administration et de gestion des biens, de l'Église.

Art. 66.— Le Président est généralement responsable de la bonne marche, des œuvres de Dieu dans sa paroisse conjointement avec le Leader en charge et collégialement avec le Comité dont il préside les séances.

—Il convoque les réunions du Comité en séances ordinaires mensuelles ou en séances extraordinaires toutes, les fois que la nécessité l'exige.

—Il dirige les débats en conformité avec les Saintes Ecritures, contresigne les procès-verbaux de réunions, suit l'aboutissement des décisions prises en commun et fait respecter Statut et Règlement intérieur de l'Eglise,

—Le Président est assisté de deux Vice-présidents qui le remplacent en cas d'empêchement motivé et sont en outre chargés de la haute surveillance.

Art. 67. — Le Secrétaire rapporte les questions inscrites à l'ordre du jour, rédige les procès-verbaux qu'il signe conjointement avec le Président, prépare et lance, les convocations sur ordre du Président.

— Le Secrétaire rédige et tient à jour toutes les correspondances et archives de la paroisse, dépouille les courriers et doit être en relation permanente avec le Président et le Leader en charge.

— Le Secrétaire doit extraire et mettre sous forme d'informations les décisions qui, arrêtées en Comité, doivent être communiquées aux fidèles.

— Le Secrétaire est (assisté de 2 adjoints qui le remplacent en cas d'empêchement. Ce dernier peut être particulièrement chargé des annonces.

Art. 68. — Le Trésorier est chargé de la garde et de la gestion des fonds et biens de la paroisse et en tient la comptabilité.

—Il recouvre- les cotisations de sommes versées au titre de «.denier du culte ou classes », les dons en nature et en espèces et toutes sortes de cotisations décidées par le Comité

— Il peut être ouvert au nom de la Paroisse un compte postal ou bancaire qui fonctionnera sous la signature conjointe du Président et du Trésorier.
Dans ce cas, le Trésorier ne peut garder en caisse qu'une somme d'un montant maximum de trois mille francs (3.000 francs).

— Il doit tenir à jour tous documents comptables et toutes pièces justificatives et les présenter à toutes réquisitions.

— Il est assisté de 2 Trésoriers adjoints particulièrement chargés de veiller à l'entretien du matériel de l'Eglise dont il dresse un inventaire trimestriel. Les résultats de ses opérations sont consignés dans un registre spécial « Compte Matériel »:

Art. 69. — Consultés pour toutes questions concernant la vie de la paroisse, les Conseillers éclairent-et guident les délibérations et décisions du Comité.

— Ils soutiennent moralement et matériellement la paroisse dans ses .activités et contrôlent ses rapports et relations avec les paroisses sœurs relevant de l'Eglise du Christianisme Céleste.

— Leur rôle appelle, entre autres trois qualités essentielles: lucidité — amour — charité.

Art.70.— Les-Commissaires sont spécialement chargés de la discipline, de l'ordre et de la surveillance au niveau de la paroisse.

—Ils jouent leur rôle aussi bien aux séances de Comité qu'aux heures de culte et dans l'assemblée des fidèles.

— Bons organisateurs, d'une sagesse exemplaire, sachant efficacement allier autorité et souplesse ils-coopèrent-à tous les .travaux : réunions, fêtes, pèlerinages, .offices de l'Eglise, questions sociales et culturelles (en particulier secours scolaires, secours aux indigents, assistance morale et matérielle dans le cadre d'une solidarité agissante entre paroisse).

— D'autres attributions peuvent leur être dévolues consistant entre autres à recueillir et rassembler des renseignements utiles pour la bonne marche et le progrès de l'Eglise et d'en informer le Comité paroissial.

Art. 71.— Les Comités délibèrent à huis-clos et prennent leurs décisions à la majorité simple des membres présents. Les décisions ainsi prises engagent tous les membres du Comité et ils sont tenus de les défendre en cas de nécessité.

—Les membres des Comités doivent tenir pour secrètes les délibérations, décisions et informations résultant des séances de Comités sous peine de sanctions graves

— Les Comités ne peuvent tenir leurs réunions que si le quorum (c'est-à-dire la moitié de l'effectif plus un) est atteint.

Art. 72.— Les Comités ont qualité pour juger et réprimander tous actes contraires aux principes de l'Église mais ne peuvent révoquer, radier ou suspendre un fidèle qu'en réunion du Comité Supérieur, élargie au Comité paroissial intéressé.

—Les démissions sont adressées par écrit au Comité avec les motifs détaillés de cette prise de position. La démission peut être rejetée ou acceptée par le Comité. Dans ce dernier cas, elle prend effet à partir du huitième jour suivant l'avis du Comité;- Dès lors toute passation éventuelle de service en bonne et due forme est requise.

Art. 73. — Les cas de suspension, radiation ou démission sont portés par le Comité Supérieur à la connaissance de toutes les paroisses. On procède alors au remplacement des intéressés par voie réglementaire et les décisions sont rendues publiques par annonces à la chaire.

— Il doit être tenu par le Secrétaire de la Paroisse, un Registre ou Fichier de discipline portant les renseignements suivants : Nom et prénoms de chaque fidèle, son sang dans la hiérarchie de l'Eglise

— les fautes commises avec précision des dates, des lieux et éventuellement des articles du Règlement Intérieur ainsi violés, les sanctions encourues, et le cas échéant, date et durée de la suspension.

— La durée de suspension d'un membre dépend de la gravité de la faute commise.

De toute façon, la peiné ne peut être purgée qu'en une seule fois sans possibilité de fractionnement.

— Néanmoins avant tout avertissement, suspension, révocation ou radiation d'un' membre, ce dernier doit être obligatoirement écouté en séance du Comité Supérieur après enquête préalable déterminant sa culpabilité.

— Celui qui, éventuellement, refuse à dessein de comparaître devant le Comité Supérieur sans aucune excuse se verra imposer la décision alors rendue à défaut et qui devient exécutoire.

Art. 74.—- Les sanctions décidées par le Comité dans les formes définies aux articles 71 et 72 sont, le cas échéant, applicables à tout membre fautif qui qu'il soit et quel qu'il soit.

—Elles sont prises et appliquées non pas intuitu personae (c'est-à-dire en considération de la personne en cause) mais uniquement en fonction de la nature et de la gravité des fautes commises.

CHAPITRE III : Du Comité Directeur

Art. 75.— Le Comité Directeur est la haute Instance de l'Eglise du Christianisme Céleste au niveau de chaque pays.

A cet effet, le Comité Directeur représente l'Eglise, c'est-à-dire le Comité Supérieur et le Révérend Pasteur Prophète auprès des Autorités tant publiques que privées et de toutes organisations morales, sociales et culturelles.

Art. 76. — Le Comité Directeur est composé à l'image des Comités paroissiaux dont il coordonne les activités.

Art. 77.— Le Comité Directeur a les pouvoirs les plus étendus de décision notamment en ce qui concerne:

—L'organisation matérielle et morale.

—L'administration et la défense des intérêts matériels et moraux de l'Eglise compte tenu des contingences locales: évolution, réalités propres au pays intéressé.

—L'exécution des décisions et instructions du Comité Supérieur et du Révérend Pasteur-Prophète.

—L'application des sanctions disciplinaires; avertissement, blâme, suspension, exclusion temporaire, exclusion définitive.

Art. 78. — Le Comité Directeur général habilité à entreprendre et réaliser, dans les limites de ses attributions tout ce qui concourt à l'intérêt de l'Eglise dans le pays considéré.

Art. 79.— Le Comité Directeur connaît de fait les affaires auxquelles les Comités paroissiaux n'ont pas su trouver des solutions adéquates[1] ou définitives.

CHAPIRTE IV :Du Comité Supérieur

Art. 80.— A la tête de toute l'Eglise du Christianisme Céleste en tant qu'Entité universelle se trouve le Comité Supérieur dont le siège (qui est en même temps celui de l'Eglise du Christianisme Céleste) est à Porto-Novo.

—Le Comité Supérieur est l'émanation universelle et l'Instance suprême de l'Eglise.

— Le Révérend Pasteur-Prophète est de droit le Président du Comité Supérieur.

—Toutefois, en cas d'absence, d'empêchement ou de vacance, le Pasteur successeur du Pasteur-Prophète n'est pas de droit président du Comité Supérieur. Tout autre fidèle peut,
Art. 81.— Le Comité Supérieur .détient les pouvoirs les plus étendus en matière législative et administrative.

— A cet effet, il statue sur les questions d'importance majeure telles que la sécurité, la moralité, la philosophie, l'administration- générale, les affaires sociales et culturelles, dont en particulier le problème crucial de la scolarisation au niveau de l'Eglise dans le cadre général de la lutte contre l'analphabétisme et plus particulièrement d'une prompte- et efficace évangélisation.

— Il fait appliquer par l'Eglise du Christianisme Céleste de chaque pays, les décisions résultant de ses pouvoirs législatifs.

— Il veille à l'application effective de ces décisions et- en cas de défaillance prend les sanctions qui s'imposent.

Art. 82. —— Le Comité Supérieur se réunit en session ordinaire une fois l'an.

—Il peut se réunir en session extraordinaire chaque fois que l'intérêt de l'Eglise l'exige.

Art. 83. —. Le Comité Supérieur connaît de toutes les affaires auxquelles les Comités Directeurs n'ont pas pu trouver des solutions adéquates ou définitives et de tous les litiges en suspens' qu'il tranche en dernier ressort.

Art. 84.— Le Comité- Supérieur désigne en son sein un Secrétariat permanent.

— Le Secrétariat est l'Exécutif au niveau de toute l'Eglise : à cet effet, il coordonne, sous la direction suprême du Président du Comité Supérieur, les activités et les relations entre le Comité Supérieur et les Comités Directeurs de tous pays où l'Eglise du Christianisme Céleste est installée.

— Le Secrétariat assure la garde des Archives de l'Eglise.

Art. 85. -Du Synode.

— Le Comité Supérieur élargi aux Délégués mandatés des paroisses forme le Synode.

— Le Synode comprend, outre les membres du Comité Supérieur trois ou six délégués élus de chaque paroisse,

— Le Synode se réunit une fois l'an (22 et 23 Décembre) en session plénière.

— Il fait le point de la situation au sein de l'Eglise du Christianisme Céleste et après en avoir dressé le Bilan, établit-le

CHAPITRE V Dispositions diverses

Art. 86.. —— Afin de permettre - aux membres des différentes paroisses de mieux se connaître et se comprendre et aux paroisses de profiter des expériences des unes et des autres, il est institué un système- de permutation de Responsables (en particulier Leaders et Wolileaders) entre paroisses.

— A cet effet, suivant un calendrier établi par le Prophète- Pasteur ou sur désignation directe de celui-ci, des Leaders d'une paroisse A, se rendront pour une période déterminée dans une paroisse B, ceux de B, devant aller .à C ou D etc. Il en sera de même des Wolileaders.

Art. 87. — Le Révérend Pasteur-Prophète peut, quand il le juge nécessaire, procéder à des affectations de Responsables d'une paroisse à l'autre, d'une ville à l'autre ou d'un pays à l'autre.

— Par ailleurs, tout fidèle qui, pour des raisons plus ou moins fondées, déserte une paroisse pour une autre ne sera admis-par celle-ci qu'après accord exprès des deux paroisses intéressées.

— En cas de désaccord le litige est porté devant le Comité Directeur ou éventuellement devant le Comité Supérieur qui tranche en dernier ressort.

Art. 88. — Le Prophète-Pasteur, peut, lorsqu'il y a pléthore de Leaders ou autres Responsables sous-employés dans une paroisse, procéder à la décongestion de la paroisse intéressée :

— en envoyant certains de ses Responsables renforcer l'effectif des Paroisses qui en ont besoin

— en confiant auxdits Responsables une mission de création de nouvelles paroisses aux lieux désignés par le Révérend Pasteur.

Art. 89.— Il importe de rappeler que tout fidèle doit avoir un livret de chrétien, où seront portés, outre les noms et prénoms de l'intéressé, les renseignements suivants :

— Nature et date de chaque sacrement ou consécration (baptême-onctions à l'Huile Sainte ou Confirmation dans tout ordre dignitaire), nom du consécrateur, paroisse concernée,

— Dans tous les cas, le sceau du Siège du Christianisme céleste est absolument nécessaire.

— Art. 90. Toutes les paroisses sont priées de se conformer dès maintenant aux dispositions du présent Règlement intérieur et de modifier en conséquence leur structure organique.
— Tous les Responsables d'Eglise sont tenus de veiller à la stricte observance desdites dispositions.
— Toute défaillance en l'occurrence sera frappée de sanctions exemplaires allant du simple avertissement à la suspension ou l'exclusion définitive.

EXHORTATIONS

Chers frères et sœurs en Christ, si nous avions donné une si grande structuration à la hiérarchie dans le Christianisme Céleste, c'est que nous voudrions que vous atteigniez la perfection, du moins que vous vous en approchiez comme le disait Saint Paul.

Il faut qu'avant de pouvoir prêcher dignement, nous puissions mettre en pratique ce que nous prêchons. L'exhortation n'a de valeur que si le prédicateur vit ce qu'il enseigne.

Luc commence le livre des Actes des Apôtres : « Théophile, j'ai parlé dans mon premier livre de tout ce que Jésus a commencé de faire et d'enseigner dès le commencement » (Actes 1:1).

Cela est clair, deux verbes font loi et pèsent de tout leur poids dans la phrase : Ce sont les verbes faire et enseigner.

Le premier est le verbe (faire), Jésus a donc commencé par faire. Le second verbe est (enseigner). Il est venu après le verbe faire. Nous devons donc enseigner la vérité, mais cette instruction doit être soutenue par l'exemple.

Quelle honte ce sera pour nous lorsqu'on nous surprendra faisant en cachette ce que nous avions crié tout haut de ne pas faire ! La devise« fais ce que je te dis et non pas ce que je fais » n'est pas la nôtre

« Toi donc qui enseignes les autres, tu ne t'enseignes pas toi-même ! Toi qui prêches de ne pas dérober, tu dérobes ! Toi qui dis de ne pas commettre adultère, tu commets adultère ! Toi qui as en abomination les idoles, tu commets des sacrilèges » (Rom. 2 : 21-22).

Dans tous les domaines, l'exemple exerce une grande influence tant pour le bien que pour le mal. L'Eglise du Christianisme Céleste ne pourra grandir que par les bons exemples de vie chrétienne qu'auront donnés les véritables membres.

Quelqu'un a dit quelque part : « Je préfère voir un Sermon que l'entendre. Oui celui-là a raison.

Il est de même certain que les mauvais exemples jetteront dans la géhenne de nombreuses âmes qui nous sont chères. Méfions-nous si ces mauvais exemples ont été donnés par des personnes qui se disent chrétiennes.

Nous avons toujours dit que notre Religion doit se placer sous le signe de la Tolérance : « Piétine-moi et je te demanderai pardon » avait l'habitude d'enseigner notre Prophète-Pasteur.

Donnons un exemple d'humilité

En effet, l'humilité de Jésus-Christ l'a conduit à la Croix, à la mort. « Il a été mené comme une brebis à la boucherie, et comme un agneau muet devant celui qui le tond ; il n'a point ouvert la bouche. Dans son humiliation, son jugement a-été levé » (Actes 8 : 32-33).
Il est évident que si nous ne sommes pas humbles, nous ne marchons pas avec le Seigneur.

Donnons un exemple de patience

Le Seigneur nous exhorte à la patience en toutes circonstances et à l'égard de tous les hommes. « Lui qui injurié ne donnait point d'injures, maltraité, ne faisait point de menaces, mais s'en remettait à celui qui juge justement » (I Pierre 2 : 23).

Nous devons nous montrer patients envers les membres de notre famille, envers les frères et les âmes égarées, envers nos malades car ils sont comme des enfants devant la souffrance.

« Patience, patience disait P.Valéry : chaque atome de silence est la chance d'un fruit mûr. »

Donnons un exemple de travail

« Il faut que je fasse tandis qu'il est jour, tes œuvres de celui qui m'a envoyé ; la nuit   vient, où personne ne peut travailler (Jean 9:4).

« Ainsi, mes frères bien-aimés, soyez fermes, inébranlables, travaillant de mieux en mieux à l'œuvre du Seigneur sachant que votre travail ne sera pas vain dans le Seigneur » (1Cor15 : 58).

Soyons aussi courageux

Nous avons besoin de courage, surtout nous qui occupons des charges importantes dans l'Eglise du Christianisme Céleste. Nous devons avoir le courage de prêcher la vérité, de dénoncer les abus et de le faire sans acception de personnes.

Aucun homme ne doit prêcher s'il ne veut pas « annoncer tout le conseil de Dieu » (Actes 20: 26-27),

De même celui qui s'efforce de plaire aux hommes ne doit pas annoncer les oracles de Dieu.
Christ n'a pas hésité une seconde, pour dénoncer dans des termes rigoureux et sévères les hypocrites de son temps. « Malheur à vous pharisiens hypocrites » disait-il.
Il serait en effet, sans prix pour nous de courir la mer et la terre pour faire des prosélytes si finalement ceux-ci, par notre faute, doivent devenir des fils de la géhenne. « Au reste disait Philippe, que tout ce qui est vrai, tout ce qui est honorable, tout ce qui est juste, tout ce qui est pur, tout ce qui est aimable, tout ce qui mérite l'approbation, ce qui est vertueux et digne de louange soit l'objet de vos pensées et le Dieu de la .paix sera avec vous » (Phil. 4:8)

Maîtrisons-nous et gardons nos âmes et nos cœurs purs

Paul écrivait à. Timothée : « Toi-même conserve-toi pur » (Tim. 5 : 22). Le Psalmiste aussi disait : « Qui pourra monter à. la montagne de l'Eternel ? Qui s'élèvera jusqu'à son lieu saint ? Celui qui a les mains innocentes et le cœur pur, celui qui ne livre pas son âme au mensonge et qui ne jure pas pour tromper » (Ps.. 24 : 3-4).

Nous, devons maîtriser nos corps. Ce n'est pas toujours facile. Mais ne permettons pas aux convoitises de la chair d'être notre ruine et notre défaite complète. Si nous ne maîtrisons pas nos corps, nous dériverons vers le feu de la géhenne au lieu d'obtenir la couronne de gloire.

Les esclaves de la cigarette, ceux qui sont sous l'empire du Tabac, de même que ceux qui adorent le dieu Bacchus, c'est-à-dire les ivrognes, ne sont pas propres à l'Eglise du Christianisme Céleste.

« Efforce-toi de te présenter devant Dieu comme un homme éprouvé, un ouvrier qui n'a point à rougir, qui dispense adroitement la parole, de la vérité » (II Tim. : 2-15)

Un jour, Jésus parla à une femme Samaritaine, près d'un puits : « Dieu est Esprit, et il faut que ceux qui l'adorent, l'adorent en esprit et en vérité » (Jean 4 : 24).

Si donc nous voulons adorer Dieu en esprit et en vérité, nous devons chercher à agir selon sa volonté.

En effet, s'agissant des dons spirituels, Jésus disait aux apôtres : « Allez, prêchez et dites : le royaume des cieux est proche. Guérissez les malades ; ressuscitez les morts, purifiez les lépreux, chassez les démons, vous avez reçus gratuitement, donnez gratuitement ». (Math. 10: 7-8).

— Si vous avez reçu de Dieu le don de prêcher, prêchez librement mais prêchez efficacement sans arrière-pensée.

— Si vous avez reçu de Dieu le don de la prophétie, prophétisez librement. Mais devant Dieu et devant les hommes : annoncez directement les oracles de l'Eternel.

— Si vous avez reçu de Dieu le don de guérir, imposez librement les mains aux malades. Mais ne cherchez pas à tirer profit d'une guérison que vous n'avez pas procurée. Vous avez été seulement un instrument dans les mains de l'Eternel qui a opéré la guérison.

Démontrez comme Elysée qu'il existe des prophètes dans le Christianisme Céleste. « En effet, lorsque Elysée homme de Dieu apprit que le roi d'Israël avait déchiré ses vêtements, il envoya dire au roi, pourquoi as-tu déchiré tes vêtements ? Laisse-le venir à moi, et il saura qu'il a un prophète en Israël ».

Quel admirable exemple nous donna cet homme de Dieu, quand il refusa systématiquement tous les présents de Naaman, le Syrien, guéri de la lèpre ? (II Rois 5 : 15-16).

Pourquoi attirer sur vos têtes la malédiction de l'Eternel ? Ne soyons pas comme Guéhazi, le serviteur d'Elysée, qui pour deux talents et deux vêtements de rechange obtînt une lèpre comme la neige non seulement pour lui seul, mais aussi pour toute sa postérité et pour toujours. L'Esprit de Dieu n'est pas absent. Il n'est pas permis de prendre de l'argent, des vêtements, des brebis, des bœufs, pour un don que nous avons reçu gratuitement.

Méfions-nous d'attrister le St. Esprit qui est au milieu de nous. « C'est une chose terrible de tomber dans les mains de Dieu vivant » (Heb. 10: 31).

— Si nous avons l'intention de faire ce que Jésus dit, nous laisserons luire notre lumière.

« Vous êtes la lumière du inonde, une ville située sur une montagne ne peut être cachée, et on n'allume pas une lampe pour la mettre sous le boisseau, mais on la met sur le chandelier, et elle éclaire tous ceux qui sont dans la maison.

« Que votre lumière luise devant les hommes afin qu'ils voient vos bonnes œuvres, et qu'ils glorifient votre Père qui est dans les deux». (Math. 5: 14-16).

— Si nous voulons faire la volonté de Jésus, nous devons mettre toute notre âme dans notre adoration.

De même qu'on n'a jamais vu un homme courir assis, de même, nous ne pouvons-nous asseoir, sommeiller et adorer Dieu en même temps.

Nous ne pouvons pas chuchoter, ricaner et adorer Dieu en même temps. Nous ne pouvons pas à la fois, faire des projets d'affaires et adorer Dieu en même temps.

— Si nous voulons accepter le conseil de Jésus, nous devons réparer nos torts avant d'aller présenter notre offrande au Seigneur.

« Si donc tu présentes ton offrande à l'autel et que là tu te souviennes que ton frère a quelque chose contre toi, laisse ta ton offrande devant l'autel, et va d'abord te réconcilier avec ton frère. Puis, viens présenter ton offrande » (Math. 5 : 23-24).

Si nous voulons faire ce qui plaît à Jésus, nous ne ferons rien pour notre propre gloire. Nous ne donnerons pas pour être vus des hommes. Nous donnerons parce qu'il est bon de faire du bien.

« Lors donc que tu fais l'aumône, ne sonne pas la trompette devant toi, comme font les hypocrites dans les synagogues et dans les rues, afin d'être glorifiés par les hommes, je vous le dis en vérité, ils reçoivent leur récompense.

« Mais quand tu fais l'aumône, que ta main gauche ne sache pas ce que fait ta droite.

« Afin que ton aumône se fasse en secret, et ton Père qui voit dans le secret, te le rendra ». (Math. 6 : 2-41.

—   Si nous voulons faire ce qui plait à Jésus: nous ne prierons pas pour être vus des hommes, mais pour être entendus de Dieu. « Lorsque vous priez ne soyez pas comme des hypocrites qui aiment à prier debout dans les synagogues et aux coins des rues, pour être vus des hommes. Je vous le dis en vérité, ils reçoivent leur récompense.

«Mais quand tu pries, entre dans ta chambre, ferme, ta porte, et prie ton Père qui est là dans le lieu secret, et ton père qui voit dans le secret te le rendra ». (Math. 6 : 5-6).

—– Si nous voulons réaliser le désir de Jésus-Christ, nous ne prêcherons pas pour nous attirer l'admiration des hommes, mais pour la gloire et la louange de Dieu.

—   Si nous voulons plaire à Jésus, nous ne chanterons pas pour être vus et entendus des hommes, mais pour chanter des louanges à son Saint nom. Notre Amour pour Dieu jaillira de nos cœurs sincères et notre cantique montera vers le trône du Roi des rois.

—   Si nous voulons suivre le chemin de Jésus, nous n'amasserons pas de trésors sur la terre, mais nous les amasserons dans le ciel. Notre Seigneur Jésus-Christ l'a si bien enseigné lorsqu'il disait : « Ne vous amassez pas de trésors sur la terre, où la teigne et la rouille détruisent, et où les voleurs percent et dérobent. /Mais amassez-vous les trésors dans le ciel, où la teigne et la rouille-ne détruisent point, et où les voleurs ne percent ni ne dérobent, car là où est ton trésor, là aussi sera ton cœur. (Math. 6: 19-21).

Ne soyons pas comme la femme de Lot. La femme de Lot regarda en arrière parce qu'elle se souvint encore des troupeaux abandonnés, de la pierre oubliée, mais elle devint une statue de sel. (Gen. 19 : 26). C'était la dernière fois qu'elle désobéissait à Dieu !
Vous savez qu'il arrive toujours de faire une chose pour la dernière fois.

— Si nous voulons faire ce que dit Jésus, nous n'essaierons pas de servir deux maîtres; « Nul ne peut servir deux maîtres » a dit Jésus.

—Trop de gens aiment servir à la fois Dieu et Satan.
Trop de gens essaient d'être à l'Eglise et chez le féticheur.
Ils veulent être chrétiens, et en même, temps garder leur « fâ » et leur « lêgbà» c'est-à-dire les idoles. Ils veulent être chrétiens et en même temps sorciers. Ils veulent être dans l'Eglise et dans le monde en même temps.

Cela est impossible. Pour servir l'Eternel, nous devons nous retirer du monde. « Nous sommes dans le monde, mais nous ne sommes pas du monde. »

Souvenons-nous encore de la femme de Lot. C'est un avertissement solennel et plein de signification. Elle a désobéi pour la dernière fois. Ce qui a été vrai pour la femme de Lot le sera aussi un jour pour nous si nous prenons goût à la désobéissance envers Dieu.

Nous désobéirons une dernière fois. Nous irons à notre dernier bal. Nous prendrons notre dernier verre d'alcool ou de vin doux; Nous fumerons notre dernier mégot. Nous irons voir la dernière pièce immorale. Nous consulterons notre charlatan ou notre médium pour la dernière fois. Nous nous prosternerons devant nos fétiches pour la dernière fois.

«Adultères que vous êtes ! Ne savez-vous pas que l'amour du monde est inimitié contre Dieu! Celui-donc qui veut être ami du monde, se rend ennemi de Dieu « (Jacques 4 : 4);

« N'aimez point le monde, ni les choses qui sont dans le monde. Si quelqu'un aime le monde, l'amour du Père n'est point en lui, Car tout ce qui est dans le monde, la convoitise de la chair, la convoitise des yeux et l'orgueil de la vie, ne vient point du Père, mais vient du monde.

« Et le monde passe et sa convoitise aussi. Mais celui qui fait la volonté de Dieu demeure éternellement »(Jean 2 : 15-17).

— Enfin, si nous voulons faire ce que dit Jésus : nous ferons ce qu'il nous recommande. Il nous a dit d'être fidèle jusqu'à la mort et qu'il nous donnera la couronne de vie (Apoc. 2 : 10).

« Méfions-nous, on ne trompe pas le Dieu .vivant ».
Oui, mes frères, aucun de nous n'est encore parfait, mais nous chercherons à le devenir chaque jour : nous avons à notre disposition le miroir de Dieu qui nous permet de voir dans notre âme.

« La Bible pour le croyant est le Livre Saint, elle contient le message de Dieu aux Hommes, la révélation progressive de la nature et des œuvres de Dieu, et aussi l'explication décisive sur la condition de l'homme et sa-destinée » (Roland de Vaux).

En effet, c'est avec force de loi que ce miroir divin nous révèle : « Ne savez-vous pas que les injustes n'hériteront point le royaume de Dieu ? Ne vous y trompez pas : ni les impudiques, ni les idolâtres, ni les adultères, ni les efféminés, ni les infâmes, ni les voleur, ni les cupides, ni les ivrognes, ni les outrageux, ni les ravisseurs, n'hériteront le royaume de Dieu » (I Cor. 6 ': 9-10).

Voilà chers frères, puisque nous aimons regarder dans notre miroir tous les jours et même plusieurs fois par jour, regardons aussi chaque jour et même plusieurs fois par jour dans le miroir divin.

Lorsque, regardant dans nôtre miroir, nous trouvons notre visage sale, que faisons-nous ? Nous nous détournons du miroir pour aller nous laver le visage.

Il doit donc en être de même lorsque nous regardons dans le miroir divin. Si nous constatons quelque impureté sur notre âme, le mieux serait de nous en défaire avant qu'il ne soit trop tard.

Puisse le Ciel être la douce demeure de chacun de nous dans l'Au-delà ! (Amen).

VIII - CONSTITUTION BLEUE DU CONSEIL PASTORAL MONDIAL ET DU CONSEIL D'ADMINISTRATION DE L'ECC

Décrétée par le Prophète Pasteur Fondateur SBJ OSCHOFFA Constitution Mondiale en 1982 au Parvis de Ketu/Lagos, du fait qu'elle porte sa signature.
Le Most Senior Evangéliste Abdon Rodrigue Ndziengui. M. était témoin avec la délégation Gabonaise, venue pour le Baptême et l'onction. Le Most Abdon avait 16 ans lorsqu'il reçut son baptême, par Feu Evangéliste Younger Daddy; et sa première onction de Woly ce même jour par le Prophète Oschoffa.

Le Prophète avait grondé le Responsable du Gabon parce qu'il faisait lire Lumière sur le Christianisme Céleste éditée au Bénin en 1972. Car disait-il, '' en dehors de la Bible, le seul livre qui régit l'Eglise du Christianisme Céleste dans le monde entier c'est la Constitution Bleue ; lisez-la, et vous connaîtrez l'Eglise telle que Dieu me l'a donnée et c'est pour cela qu'il y a ma signature. Je ne reconnais pas Lumière sur le Christianisme Céleste parce qu'il y a des choses que je n'ai jamais dites dedans ; c'est pour cela que je ne l'ai pas signée.'' (Dixit S. B. J. Oschoffa Mars 1982/Ketu)
D'autres témoins étaient l'actuel M/S/Ev Aplogan Eugène, M/S/Ev Anoumou Kpokpoli Etienne, Senior Evangéliste Ikapi Pascal, Senior Evangéliste Nzé Nang Nzé Jean Nazaire, Feu Senior Evangéliste Sossou Emmanuel, Evangéliste Atandji Mathias, H/S/Ev. Mayila Mba Augustin Feu Bodingua Rigobert, H/Asst/Ev. Yves Tapoyo et Onanga Guy, Evangéliste Biam Bernard, Evangéliste Safou Miyakou Antoine, Evangéliste Ahoudji Léon, Senior Leader Kane Henri, Senior Leader Boulingui Clair Joseph, Frère Mba Jean Mari et famille, Frère Ndong Gaston, Frère Mounguengui Romain.
V/S/Maman Nfono Rose, Moutsinga Célestine, Moundounga Génévième, Anoumou Kpokpoli Fidelia, Anoumou Kpokpoli Valérie, Ndong Victorine, Barros Fatima, Ngouangua Célestine, S/Maman Djeno Elise, Assistante Maman Ovangué Cécile, Feu Dehoto Ossouka. C'était devant tout ce monde que le Prophète avait parlé.
N.B : Ce préambule n'existe pas dans la Constitution Bleue ; c'est à titre d'inspiration et de sensibilisation que je l'avais formulé pour ma lecture personnelle.
Les passages Bibliques contenus dans la Constitution Bleue sont l'objet de mes recherches dans mes travaux d'adaptation de la Constitution Bleue à la Bible en vue d'une meilleure compréhension.
Pour comprendre la Constitution Bleue, il faut obligatoirement connaître la Bible et beaucoup prier sinon vous ne serez qu'un simple littéraire besogneux et traînard. Il faut demander dans la prière, l'Esprit de la connaissance du Mystère du Royaume des Cieux (Matthieu 13 :10) et c'est possible que

le Prophète Oschoffa vienne lui-même vous faire un cours sur la Constitution Bleue. Attention, c'est un Livre très, très délicat.

Si l'Eglise a des problèmes c'est parce que les gens ne veulent pas suivre cette Constitution et la Sainte Bible correctement.

« Les Constitutions existent pour servir à long terme les sociétés et non pour servir les objectifs, à court terme, des dirigeants ». Koffi Hanan au Sommet de l'Union Africaine du 6/07/2004 en Ethiopie.

Woleader Abdon Rodrigue Ndziengui Moussavou

PRÉAMBULE

David dit dans le Psaume 16:5-6 ce que nous devons tous réciter tous les jours :

L'Eternel est mon partage et mon calice :

C'est toi qui m'assures mon lot ; Un héritage délicieux m'est échu.

Une belle possession m'est accordée.''

Comme le Seigneur Jésus témoigne de la miséricorde de l'Eternel envers l'humanité, l'Église du Christianisme Céleste en est une des rares démonstrations du temps moderne. Jésus Christ est le Sauveur du monde tandis que l'Église du Christianisme Céleste est la dernière barque du salut pour toute l'humanité.

Nous avons la grâce d'appartenir à l'Église du Christianisme Céleste. Le règlement intérieur de l'Église est distinct et incontestable; le culte est purement Céleste.

Une Église est établie principalement pour le Culte qui est, du temps de Moïse, guidé par certains Principes de base. Toute foi chrétienne se distingue des autres par son Règlement intérieur.

Cependant, la loi est l'incarnation des vérités éternelles et de valeurs que la raison, par la grâce de Dieu, peut découvrir.

La loi est aussi le fruit de volontés individuelles et l'expression d'intérêts subjectifs. Sa validité repose sur son contenu, son équité ou sa justice inhérente. Comme le disait si bien Voltaire :

''La liberté consiste à être indépendant de tout sauf de la loi'' ; autrement dit, c'est la simple autorité de la loi qui impose à l'individu de se soumettre à celle-ci.

Selon la Loi relative aux Associations (Loi de 1905 et 1901), une Association se définit par une convention par laquelle deux ou plusieurs personnes mettent en commun, d'une façon permanente, leurs connaissances ou leur activité dans un but autre que lucratif ; ce qui en anglais correspond à la loi du Trust. Elle est régie, quant à sa validité, par les principes généraux du droit applicable aux contrats et obligations. Donc l'Église du Christianisme Céleste n'est pas une association.

Par contre, une Religion, c'est un ensemble de croyances et de dogmes définissant le rapport de l'Homme avec le Sacré ; c'est aussi un ensemble de Rites propres à chacune de ces croyances.

Quant à l'adhésion à une doctrine religieuse, elle se manifeste et se caractérise, d'abord, par la Foi.

Donc l'Église du Christianisme Céleste est une Religion Spirituelle Chrétienne Révélée par le Saint Esprit.

Le sens, c'est l'interprétation immédiate des textes résultant de l'analyse des structures linguistiques telles qu'elles fonctionnent dans une culture donnée. Si le sens est stable, la signification est mobile.

La loi régissant l'Église du Christianisme Céleste est une émanation de la Constitution Bleue de l'Église du Christianisme Céleste, élaborée et ratifiée par le Prophète Pasteur Fondateur de l'Église du Christianisme Céleste Mondiale, le Révérend Samuel Biléwu Joseph OSCHOFFA (1909 – 1985).''

Le Représentant Pastoral de l'Église du Christianisme Céleste au Gabon
Senior Évangéliste Abdon Rodrigue Ndziengui Moussav

NB: Les parenthèses servent à isoler une idée, une réflexion qui pourrait être supprimée sans altérer le sens de la phrase

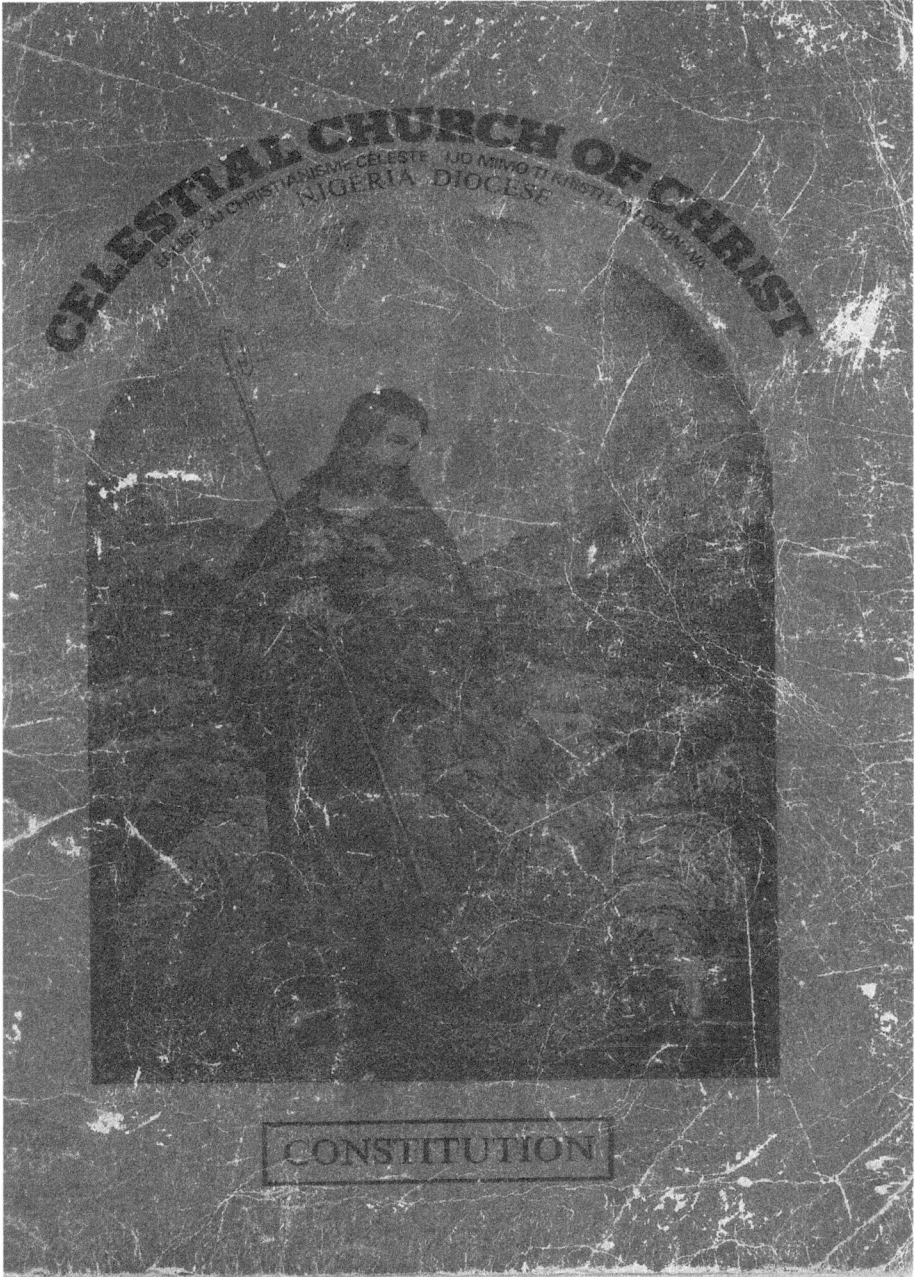

CELESTIAL CHURCH OF CHRIST
EGLISE DU CHRISTIANISME CELESTE · IJO MIMO TI KRISTI EMI ORUN WA
NIGERIA DIOCESE

CONSTITUTION

CELESTIAL CHURCH OF CHRIST

ÉGLISE DU CHRISTIANISME CÉLESTE   IJO MIMO TI KRISTI LATI ORUN WA

NIGERIA DIOCESE

CONSTITUTION

Printed by Design Production Nigeria Limited

Copyright reserved

Prepared and published by
The Board of Trustees for
The Pastor-in-Council
Celestial Church of Christ (Nigeria Diocese).

First revised edition printed 1980

Printed by Design Production Nigeria Limited

INDEX

The drafting of this New Constitution, which was commenced on the 29th day of February, 1976, was, by the Grace of God, completed on the 29th day of February, 1980. The New Constitution was promulgated on the 29th day of March, 1980.

THE DEED OF CONSTITUTION OF "CELESTIAL CHURCH OF CHRIST, NIGERIA DIOCESE" formerly registered as "CELESTIAL CHURCH OF CHRIST MAKOKO VILLAGE YABA" under The Land (Perpetual Succession) Ordinance, Cap. 107, made

the 29th day of March, 1980 and duly executed for and on behalf of **CELESTIAL CHURCH OF CHRIST, NIGERIA DIOCESE** (hereinafter referred to as "**THE CHURCH**") by persons whose names are set out in the first Schedule to this Deed having been authorised to do so by the Reverend Pastor Prophet Founder in whom resides the authority of the Church.

WHEREAS the Church has its National (Diocesan) Headquarters at 12/15 Church Street, Makoko, Yaba, Lagos State and the worldwide International Headquarters of Celestial Church of Christ is at Mission House, Ketu, Lagos State.

AND WHEREAS the Church was duly incorporated in Nigeria on the twenty-fourth day of November 1958 under the Land (Perpetual Succession) Ordinance CAP. 107 as a Spiritual Community of Christian believers and worshippers.

AND WHEREAS the Constitution under which it was incorporated was by a notice dated the 28th day of March, 1980 ammended and replaced by this New Constitution which is of a more comprehensive nature based on the set of rules, regulations and Christian tenets forming the body of worship of the Church and of its evangelical mission of redemption.

BE IT ENACTED and it is hereby enacted that the New Constitution of the Church to be known as "**CONSTITUTION OF CELESTIAL CHURCH OF CHRIST (NIGERIA DIOCESE)**" as set out in the Second Schedule to this Deed is hereby inaugurated.

IN WITNESS whereof each and every one of us duly accredited so to do in the capacity aforesaid hereunto set our respective hand and seal.

....
SAMSON OLATUNDE BANJO   OLUREMI OLUSOGA OGUNLESI

....
JOSIAH KAYODE OWODUNNI   OLAYINKA APOLABI ADEFESO

....
SAMUEL OLATUNJI AJANLEKOKO   ALEXANDER ABIODUN BADA

....
SAMUEL BILEHOU JOSEPH OSHOFFA

FIRST SCHEDULE

Names of persons accredited to execute the Deed of Constitution on behalf of Celestial Church of Christ (Nigeria Diocese):

1. SAMSON OLATUNDE BANJO
2. OLUREMI OLUSOGA OGUNLESI
3. OLAYINKA AFOLABI ADEFESO
4. JOSIAH KAYODE OWODUNNI
5. SAMUEL OLATUNJI AJANLEKOKO
6. ALEXANDER ABIODUN BADA
7. SAMUEL BILEHOU JOSEPH OSHOFFA

EGLISE DU CHRISTIANISME CELESTE
CELESTIAL CHURCH OF CHRIST
IJO MIMO TI KRISTI LATI ORUN WA
AGUN SISEN WIWE KRISTI TON SON OLON ME WA

CONSTITUTION

Version en Français

© Copyright Reserve

489

NIGÉRIA

Ordonnance Domaniale Foncier (Succession Perpétuelle), Chap. 107

_____

CERTIFICAT DE CONSTITUTION D'ASSOCIATION

Des administrateurs enregistrés de l'ÉGLISE DU CHRISTIANISME CÉLESTE DU VILLAGE YABA, MAKOKO

JE CERTIFIE PAR CET ACTE QUE:
- **SAMUEL OLATUNJI AJANLEKOKO,**
- **ALEXANDRE ABIODUN BADA et**
- **ALFRED FOLABI BABATUNDE OWOAJE**
Administrateurs dûment désignés de l'ÉGLISE DU CHRISTIANISME CÉLESTE DU VILLAGE YABA, MAKOKO
Ont été enregistrés ce jour comme Association sujette aux conditions et aux directives ci-dessous mentionnées.

Le présent Certificat a été délivré sous mon autorité à Lagos ce *vingt quatrième jour* du mois de *Novembre* 1958.

Le Gouverneur-Général.

CONDITIONS ET DIRECTIVES

Le présent CERTIFICAT fera l'objet d'annulation, lorsque les dispositions réglementaires et statutaires seront altérées ou amendés, sans le consentement préalable écrit, adressé au Gouverneur Général. Aucune indulgence ne sera accordée à une quelconque infraction aux présentes dispositions réglementaires ou statutaires régissant les dispositions juridiques portant constitution ou établissement d'une Association, conformément au présent Certificat.

PREMIERE PARTIE

L'ACTE DE CONSTITUTION DE

L'EGLISE DU CHRISTIANISME CELESTE, DIOCESE DU NIGERIA PRECEDEMMENT ENREGISTREE COMME L'EGLISE DU CHRISTIANISME CELESTE VILLAGE MAKOKO YABA SOUS L'ORDONANCE DES DOMAINES (SUCCESSION PERPÉTUELLE) CHAPITRE 107, EN DATE DU 29 MARS 1980 ET DUMENT EXECUTÉE POUR ET AU NOM DE L'EGLISE DU CHRISTIANISME CÉLESTE, (NOMMÉE DANS LES LIGNES SUIVANTES COMME L'EGLISE) PAR DES PERSONNES DONT LES NOMS FIGURENT DANS LA PREMIÈRE PARTIE DE CET ACTE, DUMENT AUTORISÉ POUR CE FAIRE PAR LE RÉVÉREND PROPHETE PASTEUR FONDATEUR EN QUI RESIDE L'AUTORITÉ DE L'ÉGLISE.

Attendu que l'Église a son Siège National au 12/15 Church Street, Makoko, Yaba État de Lagos et que le Siège International mondial de l'Église du Christianisme Céleste se trouve à Mission House Ketu, État de Lagos

Et attendu que l'Église a été dûment établie au Nigeria le 24 Novembre 1958 sous l'Ordonnance des Domaines (Succession Perpétuelle) chapitre 107 comme communauté de Chrétiens croyants et pratiquants.

Et attendu que la Constitution sous laquelle elle a été enregistrée a été par un avis en date du 28 Mars 1980 amendée et remplacée par cette nouvelle Constitution qui est de nature plus complète, basée sur un ensemble de règles de procédure et de doctrine Chrétienne formant le corps de la croyance de l'Église et de MISSION EVANGELIQUE DE REDEMPTION.

Il est décidé que la nouvelle Constitution de l'Église désormais connue comme CONSTITUTION DE L'EGLISE DU CHRISTIANISME CELESTE telle qu'inscrite dans la deuxième partie de cet Acte est en vigueur.

En foi de quoi chacun de nous, dûment accrédité pour ce faire ès capacité susmentionnée a apposé sa signature et son cachet.

SAMSON OLATUNDE BANJO

OLUREMI OLUSOGA OGUNLESI

JOSIAH KAYODE OWODUNNI

OLAYINKA AFOLABI ADEFESO

SAMUEL OLATUNJI AJANLEKOKO

ALEXANDER ABIODUN BADA

SAMUEL BILEHOU JOSEPH OSHOFFA

DEUXIEME PARTIE

L'EGLISE

1. Le nom de l'Église est "EGLISE DU CHRISTIANISME CELESTE ".
L'Église du Christianisme Céleste fait partie de la seule spirituelle, universelle, unie, indivisible Sainte Église qui est venue dans ce monde, du Ciel par ORDRE DIVIN le 29 SEPTEMBRE 1947 à Porto-Novo, République du Bénin (anciennement République du Dahomey) à travers un individu, un Homme qui est le Fondateur de l'Église, le Révérend, Prophète Pasteur Fondateur Samuel Bilehou Joseph OSCHOFFA.
L'Église est un Diocèse de l'universelle EGLISE DU CHRISTIANISME CELESTE avec un Siège Nationale (Diocésain) au 12/15 Church Street, Makoko, Yaba, État de Lagos; le Siège Suprême à Porto -Novo, République du Bénin et le Siège International à Mission House, Ketu, État de LAGOS, République Fédérale du Nigeria.

ORDRE DIVIN

2.Le 29 SEPTEMBRE 1947, par le profond Mystère de l'apparition Divine au cours d'une prière, d'un ange ailé baigné d'une lumière intense, un Message parvint de DIEU au Prophète Pasteur Fondateur : '' C'est la volonté de l'Eternel DIEU de t'envoyer en MISSION D'ÉVANGÉLISATION AU MONDE ''
''Il y a beaucoup de Chrétiens de nom qui confrontés aux difficultés et aux problèmes de ce monde, courent derrière les féticheurs et d'autres puissances des ténèbres pour toutes sortes d'assistance ; en conséquence, à leur mort, ils ne peuvent pas voir CHRIST parce que par leur action, satan a laissé sur eux sa marque spirituelle. Pour t'assister dans ta tâche, pour que les hommes t'écoutent et te suivent, des actions miraculeuses de guérisons divines par le SAINT ESPRIT seront accomplies par tes mains au nom de JESUS CHRIST.
Ces actions de guérisons divines et le sceau spirituel de l'Eternel DIEU sur ta personne vont témoigner que c'est ''L'ETERNEL DIEU QUI T'A ENVOYE''

NOM DE L'ÉGLISE

3. Le nom de l'Église descendit du Ciel par révélation divine à travers monsieur Alexandre YANGA qui était alors en cours de guérison divine à la résidence du Prophète Pasteur Fondateur et qui était animé par le SAINT ESPRIT pendant sept jours.
A la fin du septième jour, il demanda un morceau de craie et écrivit sur le mur :
"EGLISE DU CHRISTIANISME CELESTE '' Traduction en anglais "CELESTIAL CHURCH OF CHRIST".

4. En plus d'être aussi un Prophète, le Fondateur a été autorisé par Ordre Divin à utiliser le nom "EPASTORAL" en langage angélique qui a été aussitôt traduit pour lui en "PASTEUR".
Cela s'est passé alors qu'il avait effectué les cinq premières années de naissance de l'Église comme "EVANGELISTE".
Il est ainsi REVEREND PASTEUR PROPHETE FONDATEUR (mentionné dans les lignes suivantes comme Pasteur) dont il est l'Incontestable Autorité sur terre en toute matière concernant l'Église.
Il est le Symbole de l'Unicité, de l'Unité et de l'Indivisibilité de l'Église.
Le nom Pasteur se rapporte non seulement à l'actuel Pasteur mais aussi à ses successeurs dans l'éternité des temps ;
5. La seule et ultime autorité dans l'Église du Christianisme Céleste est le Pasteur ou la personne qui va le succéder après sa mort.

6. Quiconque est choisi pour succéder au poste de Pasteur doit fixer son siège dans le domaine réservé au Pasteur à Porto-Novo, République du Bénin.

7. Le Prophète Pasteur Fondateur Révérend Samuel BILEHOU Joseph OSCHOFFA ordonne que s'il meurt en République du Bénin, qu'il soit enterré dans la concession qu'il a désigné à Porto-Novo, République du Bénin.

8. Le Prophète Pasteur Fondateur Révérend Samuel BILEHOU Joseph OSCHOFFA ordonne que s'il meurt au Nigeria, qu'il soit enterré dans la ville d'Imeko dans la division d'Egbado dans l'État (Province) d'OGUN, près de la tombe de sa mère sur la terre familiale qui lui a été donnée.

9. Le Pasteur ordonne que le lieu sur lequel sera située sa tombe soit devienne une Terre Sainte et lieu de Pèlerinage.

HISTOIRE DE LA FONDATION

10. Voici la traduction française de l'histoire de l'Église du Christianisme Céleste, telle qu'elle a été relatée par le Révérend Prophète Pasteur Fondateur Samuel BILEHOU Joseph OSCHOFFA, pendant le culte du Samedi soir, en Janvier 1969 à Makoko, le Siège de l'Église du Christianisme Céleste, au Nigeria. L'histoire avait été dite à la place de la prédication habituelle du culte.

11. "C'est une chose très plaisante que je sois encore vivant aujourd'hui, vingt et un an et quelque mois après la naissance de notre Église.
Juste là, aujourd'hui, à Makoko, Siège de l'Église du Christianisme Céleste au Nigeria, il m'a été demandé de faire un récit bref de l'histoire de l'Église pour la postérité. Mais avant cela, je vais commencer par vous relater en bref mon histoire afin de clarifier les choses.

12. Mon Père fut un méthodiste né et élevé au Dahomey (aujourd'hui République du Bénin). Son père OJO et sa mère KOSHINA, étaient venus d'Abeokuta au Nigeria, à Desatre ou ils s'installèrent.
La frontière artificielle tracée par les Européens le Nigeria et le Dahomey fit que mon Père fut dahoméen, son nom était OSCHOFFA (Ce nom provient de " OJUKI ISE DEA TI OTALE TA BANIKA SUBU" ou "OJUKO SOFA" tout court ; ce qui plus tard, fut résumé en "OSOFA", en langue Yoruba, il signifie : "L'ŒIL HUMAIN N'EST PAS UNE ARME QU'UN ENNEMI PEUT TIRER POUR FAIRE TOMBER QUELQU'UN". Il eut plusieurs femmes dont chacune lui donna jusqu'à cinq ou six enfants. Tous ces enfants furent cependant des filles dont une seule survécut.
Ceci le conduisit à engager une promesse à DIEU selon la doctrine des méthodistes : "O SEIGNEUR SI TU ME DONNES UN GARÇON, JE LE CONSACRERAIS À TON SERVICE COMME FIRENT ANNE ET ELKANA" suite à cela, je naquis en 1909 à Porto-Novo, d'une mère nigériane appelée ALAKE IYAFO, originaire d'IMEKO, Division d'Egbado, Province d'Abeokuta.
Je fus nommé Samuel et aussi BILEWU (BILEAI YEBAWU KOGBE, SUGBON MO MO WIPE MO TI TORO RE LODO OLORUN) qui signifie "SI TU PREFERES VIVRE DANS CE MONDE, TU ES LE BIEN VENU MAIS SI TU PREFERES VIVRE LA HAUT DANS LE CIEL, IL T'EST EGALEMENT PERMIS DE PARTIR MAIS JE SAIS QUE JE T'AI SPECIALEMENT DEMANDE A DIEU".

13. En vertu de la promesse de mon Père, faite à DIEU, j'ai été envoyé à l'âge de sept ans pour l'œuvre de DIEU aux côtés du Christ Méthodiste Moise YANSUNU, Père de l'Évangéliste Nathaniel YANSUNU de notre Église. Mon Père n'était pas satisfait de la manière dont j'étais traité, il me ramena à la maison et m'envoya plus tard à l'âge de treize ans pour rester avec le Révérend David HODONOU LOCO, l'Évêque Méthodiste de Porto-Novo, anciennement de l'Église Méthodiste, OLOWOGBOWO, Lagos Nigeria.
J'étais là-bas avec d'autres enfants. Après un certain nombre d'année, le Révérend David HODONOU LOCO fut remplacé par l'Évêque GARNER de Londres ; le nouvel Évêque ordonna que tous les élèves participent à la fabrication de briques pour un nouveau bâtiment scolaire. Ayant tous refusés, nous avions été renvoyés chez nos parents.
Quand je suis rentré chez moi, mon Père m'admonesta en me rappelant que j'étais différent des autres parce qu'il m'avait demandé spécialement à DIEU et que je devais faire ce travail ; sur ce, il me reconduisit auprès de l'évêque mais celui-ci ne voulut pas revenir sur sa décision. Alors mon Père dit qu'il n'y avait plus d'alternative et que je devais désormais apprendre à devenir menuisier comme lui-même.

14. Je devins un habile menuisier. J'excellais dans la charpenterie et le travail du bois d'ébène que j'achetais régulièrement à un ami. Je continuai à travailler avec bonheur comme menuisier, jusqu'à la mort de mon père le 15 juin 1939.

15. Après la mort de mon Père, je continuais à porter le fardeau jusqu'en Décembre 1946 quand je décidais désormais de faire le commerce d'ébène.

Je devais aller moi-même dans la forêt pour acheter de l'ébène et l'apporter en ville, afin d'en vendre aux menuisiers. Je commençai ce commerce en allant dans les régions forestières, en quête d'ébène. Je l'achetais à bon marché et l'apportais en ville pour l'y vendre avec profit. Je continuai ce commerce lucratif jusqu'à ce voyage de MAI 1947, pendant les inondations.

16. Le 20 MAI 1947 à 14H 55', jour de l'éclipse solaire, priant dans la forêt au cours d'un de mes voyages, J'entendis une voix qui disait "LULI", je ne pus ouvrir les yeux, et la même voix disait "CELA SIGNIFIE LA GRACE DE JESUS CHRIST".
Quand j'ouvris mes yeux, je vis un singe blanc ayant deux dents en haut et en bas, avec des mains et des pieds ailés, comme une chauve-souris. Quand il voulait voler, il battait des ailes vers l'avant, mais il restait sur place.
Je vis un oiseau aux pattes et au bec jaune, avec une longue queue. Il lui arrivait parfois de déplacer la queue. Il lui arrivait parfois de déplacer la queue en éventail comme un paon et elle était multicolore. Il restait aussi sur place.
Je vis aussi un court serpent d'à peu près un pied de longueur. Comme il restait sur place, il était enroulé et sa gueule était gonflée comme celle d'un cobra.
Lorsque j'entendis cette voix, je me sentis complètement différent de ce que j'étais normalement. Je me trouvais en train de jouer avec le serpent puis il s'en alla. L'oiseau restait un moment puis alla dans la brousse. Le singe s'envola aussi et je constatai un changement complet en moi.

17. J'avais été transporté dans la forêt par un pagayeur que j'avais loué à Toffin, à Ganvié. Je lui donnais toujours de l'argent pour sa propre nourriture. Mais il ne s'empêchait pas d'en voler la mienne. Peu après, il commença à avoir des maux d'estomac et gémissait bruyamment. Je courus lui demander ce qui n'allait pas en lui. Il m'avoua d'avoir volé de ma soupe.
Je l'admonestais en lui disant qu'il n'aurait pas dû manger ma soupe puisque je lui donnais de l'argent pour sa restauration. Je lui imposai ma main sur son estomac et les douleurs cessèrent. Il s'enfuit en me laissant seul et en disant qu'il ne pouvait plus rester avec un étrange homme comme moi surtout que j'avais fait disparaître son mal d'estomac simplement par imposition des mains.
Je restai ainsi avec une pirogue sans pagayeur, moi-même ne sachant pas pagayer. Ce fut la raison pour laquelle je dus errer dans la forêt pendant trois mois.

18. Pendant ces trois mois, je ne mangeais pas et je ne pouvais pas ramer. Mais quelques temps après, je découvris un trou d'arbre dans lequel volaient des abeilles. Je prenais une feuille sèche que j'allumai et que je collai au trou la nuit. Une fois les abeilles parties, je recueillais le miel qui me servait désormais de nourriture. Ma boisson était de l'eau courante à proximité de cet arbre.

19. Peu après j'eus des visions et fis l'expérience de nombreux changements en moi-même. La forêt était si épaisse qu'en levant les yeux, on ne voyait pas le ciel mais les arbres, des serpents, des sangliers, des singes et des oiseaux chantaient. Au milieu de tout cela, je priais beaucoup ; je n'eus pas faim, je ne sentis aucune frayeur ni aucune maladie mais je jouissais de la gloire de JESUS CHRIST

20. Comme je me promenais au hasard dans la forêt, j'arrivai à une colline appelée Fagbe (après la ville de Zinvie) où je rencontrai un homme qui deviendra Senior Leader Michel lorsqu'il aura rejoint l'Église du Christianisme Céleste.
C'est lui qui me fit savoir le nom du village. Je vis un grand nombre d'enfants et je priai là. Je retournai dans la forêt errant à la recherche de ma barque et j'arrivai bientôt à un lac appelé GODRO auprès duquel il y a un village nommé HUNGO. Je continuai mon errance après WHEDO et sur AGLANGOUN jusqu'à ce que je trouve la barque le long d'un isthme, AGLANGOUN, loin dans la forêt.

21. Ne sachant pas ramer, je me mis dans la barque et me laissai entraîner par le courant du fleuve qui était en crue. Pendant que la barque voguait de gauche à droite, des serpents tombaient du haut des arbres dans la barque mais je les saisissais avec mes mains et les jetais dans le fleuve, sans les causer un dommage quelconque.
Je continuai mon voyage en descendant le long du fleuve et j'arrivai à AGONGUE. Je trouvai là un jeune homme Méthodiste appelé KUDIHO qui était sur le point de mourir et qu'on disait avoir été très malade, pendant longtemps. Je le touchai et JESUS le fit se lever. Il est encore vivant aujourd'hui ainsi que ses enfants, tous habitent AGONGUE.

22. J'allai maintenant pour recueillir plus de bois d'ébène dans la forêt. A mon retour, après cinq jours dans la dans la forêt, tout AGONGUE était en ébullition. ''Quel genre d'homme est-ce ? '' Dirent les gens, ''nous le suivrons certainement dans son église''.
Je leur dis que je n'avais pas d'église. Ils ne voulurent pas me croire mais je priais pour eux. Je restai à AGONGUE avec YESUFU qui était mon voisin à Porto-Novo.
Après le miracle qui a fait lever KUDIHO le premier jour de mon arrivée à AGONGUE et avant mon retour de la forêt, YESUFU était retourné à Porto Novo dire à mes parents qu'il m'avait vu à AGONGUE, que je paraissais étrange avec des cheveux longs, mal soignés, un accoutrement grossier et débraillé tel un fou et quand je touchais les morts, ils se relevaient ; il ne savait pas ce qui se passait en moi. Mes parents lui répondirent que la raison de mon apparence débraillée ne pouvait être d'autre que la paresse.

23. Je me prépare à retourner chez moi à Porto-Novo le cinquième jour. Je louais les services du pagayeur ZINSOU. Après mon retour, tous ceux qui me connaissaient auparavant étaient épris de curiosité. Je commençais à avoir des foules de visiteurs.
A peu près trois jours après mon retour à Porto Novo, ma sœur aînée Élisabeth EKUNDAY OSCHOFFA vint me voir et me dit que son fils Emmanuel MAWUYON, c'est à dire OLORUNDARA GUTON, était mort.
J'allai vers lui et je trouvai des guérisseurs indigènes qui avaient vainement essayé de le ramener à la vie. Quand ils me virent, ils sortirent tous de la chambre. Ce que les guérisseurs indigènes ne pouvaient faire, JESUS CHRIST le fit car je touchai le défunt et il revint à la vie au nom du Seigneur JESUS CHRIST.
C'est ce miracle qui fit que ma sœur quitta l'Église U.A.M. (ELEJA) et me suivit.
Son fils Emmanuel reçut le don sacré de prophétie et devint ainsi le premier visionnaire de l'Église du Christianisme Céleste.
C'est à travers lui qu'une grande partie de notre culte a été révélée tel que le PAJASPA (appellation en langue des anges), le réceptacle particulièrement fabriqué pour les quêtes de chaque culte (avec une bougie allumée au bout).

24. Le 29 SEPTEMBRE 1947, pendant que j'étais en train de prier dans ma maison avec quelques amis qui m'avaient rendu visite, je vis un long RAYON DE LUMIERE plutôt comme un phare de voiture. Je vis alors une créature ailée dont le corps était comme du feu et ses yeux minuscules volaient vers moi derrière un faisceau de lumière. Au fur et à mesure que cette créature s'approchait de moi, le faisceau de lumière diminuait d'intensité, jusqu'à ce qu'elle se tint à peu près à un mètre de moi. Cette créature se mit à me parler ainsi : '' DIEU VEUT T'ENVOYER EN MISSION D'ÉVANGÉLISATION, DE PRÉDICATION ET D'EXHORTATION A LA REPENTANCE DANS LE MONDE.
IL Y A BEAUCOUP DE CHRETIENS QUI PENDANT LEUR EXIXTENCE, CONFRONTES AUX PROBLEMES ET DIFFICULTES DE CE MONDE, ONT RECOURS AUX FETICHEURS ET AUX AUTRES PUISSANCES DES TENEBRES. A LEUR MORT, ILS CROIENT QU'ILS SONT ENCORE CHRETIENS ; OR ILS NE LE SONT PLUS PARCE QUE SATAN A DEJA IMPRIME SA MARQUE SUR EUX.
POUR CETTE RAISON, CES GENS, APRES LEUR MORT, NE PEUVENT PAS VOIR LE CHRIST.
DIEU VEUT T'ENVOYER À TRAVERS LE MONDE POUR UNE MISSION DE PREDICATION ET D'EXHORTATION A LA REPENTANCE, MAIS LE MONDE NE TE CROIRA PAS. POUR T'ASSISTER DANS TON TRAVAIL, AFIN QUE LES HOMMES T'ECOUTENT ET TE SUIVENT, DES ŒUVRES MIRACULEUSES ET DES GUERISONS DIVINES SERONT ACCOMPLIES PAR TOI AU NOM DE JESUS CHRIST.
CES OEUVRES DE GUERISON DIVINE ET LE SCEAU SPIRITUEL DE DIEU SUR TOI VONT TEMOIGNER QUE C'EST L'ETERNEL DIEU DES ARMÉES QUI T'ENVOIE ''.

25. Immédiatement après que j'eus reçu ce message, Marie, l'épouse de Frédéric ZEVUNU, s'exclama d'avoir vu JESUS. Je lui demandai comment elle l'avait vu. Elle dit qu'elle voyait une croix en bois, haute, grande et large.
Elle dit qu'il descendit de la croix, étendit ses mains suintantes de sang, exactement là où on lui avait enfoncé des clous et qu'elle pouvait voir la même chose sur ses pieds et d'autres parties du corps.
Elle dit que JESUS montre ses côtes et elle put voir où il avait été transpercé par l'épée.

Descendu de la croix, JESUS CHRIST se tint devant lui (le Pasteur) et le fit entrer dans une pièce. Quand ils ressortirent tous les deux, continua Marie, il (le Pasteur) était habillé d'une tunique blanche, pleine d'étoiles et les yeux du Pasteur étaient remplis d'une lumière si aveuglante qu'elle ne pouvait pas les regarder.

Mais maintenant, continua-t-elle, je suis surprise de te trouver sans tunique ni lumière aveuglante. Je lui racontai aussi ce que j'avais vu et entendu. Elle, son mari et les autres partirent.

26. Je ne pus dormir de toute la nuit à cause de divers visiteurs Célestes qui venaient me parler.

Le lendemain, à dix heures du matin, Frédéric ZEVENU, époux de Marie, un Catholique romain, à Porto-Novo, rencontra un groupe de jeunes gens qui jouaient à l' "ayo" (un jeu) dans un quartier de Porto-Novo appelé JOGREY.

Il leur raconta ce qui s "était passé chez moi la veille, ce que j'avais vu et ce que sa femme avait vu, alors que nous nous agenouillions pour prier.

IL leur raconta que sa femme était à la maison et qu'elle n'avait pas dormi de toute la nuit mais qu'elle avait parlé tout le temps et que ce qu'elle disait était plutôt mystérieux et bien au-dessus d'elle. A peu près douze de ces jeunes gens coururent chez moi avec le doute que de telles choses puissent encore arriver.

Sept d'entre eux furent remplis du SAINT ESPRIT et émirent différents messages sur les dogmes de l'Église ils ne pouvaient plus bouger à ce moment-là.

Quant aux cinq autres, ils rebroussèrent chemin et retournèrent à ZEVU, à Porto-Novo pour répandre la nouvelle. Ceux qui les entendirent coururent à leur tour chez moi avec le doute que de tels événements puissent se produisent à pareille époque, mais certains d'entre eux eurent la même manifestation que les sept jeunes gens.

27. Ceci conduisit à des commérages à travers Porto-Novo comme quoi j'avais commandé et acheté la magie. Toutes les Églises étaient désorientées ; l'Église méthodiste était ébranlée à la base et tout ce qu'elle trouvait à dire était que j'étais en rapport avec les puissances des ténèbres etc...

Lorsque je me rendis compte que cela faisait treize jours que je n'avais pas dormi suite à l'affluence chez moi des Musulmans, Catholiques ; Méthodistes et féticheurs, j'envoyai, par Dominique ADANDE, un mot à l'officier de police expatrié, responsable de la ville, lui disant que moi, dont il avait le souvenir comme musicien dans la ville, je l'implorais de dépêcher des agents de police chez moi, afin de m'aider à faire évacuer tout ce monde car cela faisait treize jours que je n'arrivais pas à dormir. Dominique lui confirma que j'étais citoyen de la ville. Suite à cette requête, l'officier demanda à me voir. Rendu chez lui, je fis le récit de tous les événements.

A ma grande surprise, il me répondit qu'il n'avait aucun droit d'envoyer des policiers chasser les gens de chez moi. Par contre, sentant en moi le dessein de DIEU, il me suggéra plutôt d'organiser une réunion en plein air où tout le monde sera invité et cela le samedi suivant. Il me rassura qu'il y sera présent, compte tenu que ses parents étaient chrétiens aussi.

Cette réponse m'excédait. Mais ceux qui étaient avec moi approuvèrent d'emblée la suggestion de l'officier et ceux d'entre eux qui étaient plus instruits allèrent préparer des notices qu'ils distribuèrent à travers Porto-Novo.

REUNION EN PLEIN AIR

28. En lisant ces notices, beaucoup de gens qui avaient auparavant entendu des rumeurs, se rassemblèrent dans ma concession, très curieux de voir ce qui allait se passer. Nous érigeâmes une estrade en bois et sur lequel je m'assis avec un visionnaire à ma gauche et ma droite. Je fus spirituellement guidé d'ouvrir une bible devant moi sans la lire et d'allumer trois bougies devant moi ; ce que je fis aussitôt.

Chaque fois que l'on me posait une question, la réponse m'était souvent donnée par celui là qui m'avait envoyé c'est-à-dire : DIEU.

29. La première question vint d'un homme appelé Alex AGANYIMI, membre de l'Église des Chérubins et des Séraphins ; c'était un Togolais.

Chaque fois qu'une question était posée, une de mes oreilles faisait un bruit de haute tonalité alors que l'autre demeurait silencieuse. L'oreille ou se produisait le fameux bruit, n'entendait pas les questions posées ; par contre, l'autre oreille silencieuse entendait toutes les questions.

Alex dit qu'il avait compris que Moise ORIMOLADE (pasteur des chérubins et séraphins) avait été envoyé comme précurseur par DIEU et qu'il avait accompli toutes sortes d'actions spirituelles et que maintenant, je venais à mon tour, proclamant que c'est DIEU qui m'envoie ; alors lequel d'entre nous devait-il croire et accepter ?

Aussitôt, l'oreille bourdonnante devint calme et j'entendis le message suivant :" A PROPOS DE VOTRE QUESTION, JEAN BAPTISTE VINT AVANT JESUS CHRIST. VOUS DEVEZ SAVOIR QUE LES CHERUBINS ET LES SERAPHINS SONT DES ANGES QUI VEILLE NT ET ADORENT NOTRE SEIGNEUR JESUS CHRIST. L'EGLISE DU CHRITIANISME CELESTE EST L'EGLISE DU CHRIST, ALORS QUE L'EGLISE DES CHERUBINS ET DES SERAPHINS APPARTIENT AUX ANGES DE DIEU ET N'EST QU'UN PRECURSEUR POUR PREPARER LE CHEMIN DE L'EGLISE DU CHRITIANISME CELESTE. QUE LE MONDE LE VEUILLE OU NON, SA GLOIRE SERA BIENTOT CONNUE DE TOUTE L'HUMANITE."

Comme j'entendais cela, je transmis fidèlement le message à mon interlocuteur Alex.

30. Les Catholiques et les Églises d'autres dénominations étaient là parce que la publicité avait suscité un intérêt crucial et surtout que toutes les réponses aux questions qui m'étaient posées, sortaient de l'ordinaire. Curieusement, je n'avais aucune idée de réponse sauf transmettre les réponses qui m'étaient données par le SAINT ESPRIT.

Un Catholique dit que tout le monde savait que SAINT PIERRE et SAINT PAUL mirent l'Église Catholique à Rome et il savait aussi que c'était par l'autorité de JESUS. Est-ce que c'est le même JESUS qui m'envoyait comme je le proclamais et qui devrait-il suivre ?

Pendant qu'il parlait, mes oreilles entrèrent en action ; l'oreille bourdonnante produisait son bruit de haute tonalité, pendant que l'oreille silencieuse écoutait le message suivant : " JEUNE HOMME, NOUS T'AVONS DONNE UN KOBO (Division monétaire du NAIRA qui est une monnaie Nigériane : 100 kobos =1 NAIRA donc 1kobo = 1/ 100 de NAIRA) à garder et tu l'as gardé ; maintenant, nous te demandons et te disons de rejeter le KOBO et d'accepter deux kobos parce que la gloire de deux kobos est plus grande que celle d'un kobo.

Mais si tu refuses d'abandonner un kobo à temps, quand dans l'avenir tu arriveras à voir la gloire de deux kobos, tu voudras revenir sur tes pas et en prendre possession mais il sera trop tard parce que d'autres auront pris ta place."

A toutes les questions qui m'étaient posées de gauche à droite, je répondais fidèlement, conformément aux réponses que le SAINT ESPRIT me dictait.

Nous quittâmes la réunion ce jour là, en glorifiant DIEU, émerveillé par les résultats et le succès probant de cette réunion, il eut encore beaucoup plus de gens qui se joignirent à moi ; ceci marqua le début de l'Église du Christianisme Céleste et sa croissance.

31. A titre de rappel, j'étais né méthodiste. Je vais maintenant vous parler de la visite du Révérend Pasteur PARRINDER, un Pasteur Méthodiste, qui avait été transféré de Porto-Novo (ou j'étais sous son autorité) à un institut situé à IBADAN. C'était un homme de grande taille. Il entendait parler de moi et vint me voir.

L'Église avait à peu près trois mois d'âge. Il me demanda pourquoi, Méthodiste de mon état, je n'avais pas déployé la puissance spirituelle qui venait de m'être conférée, au sein de l'Église Méthodiste.

Je lui répondis qu'il avait bien pensé, mais le Pasteur Méthodiste de Porto-Novo appelé GBEYANGBE était celui qui montait au pupitre pour haranguer les fidèles en les intimant de ne pas me fréquenter parce que j'avais acheté des pouvoirs magiques et que je trompais les gens avec.

Ces interventions firent en sorte que les Méthodistes cultivèrent une haine sans pareilles vis à vis de moi et cette situation fit de moi un "hérétique" voir un paria.

En plus, si ce cher Révérend Pasteur Méthodiste avait envoyé en ce temps là, un mot pour s'enquérir de bonne foi et diligemment des nouvelles à mon propos, ne pensez-vous pas que j'aurais accepté de très bon cœur de joindre mes forces à celle de l'Église Méthodiste ?

Puisque je ne comprenais pas moi-même ce qui m'arrivait ; d'où ma demande à la police, de faire évacuer mon domicile, de la marée humaine qui s'y trouvait.

32. Cependant, avant que vous ne veniez, continuais-je, celui qui m'a envoyé (DIEU) m'avait dit qu'un Européen viendra me voir et que je devais lui parler avec patience et calme.

Il m'a été demandé de vous dire que vous devez rester un moment jusqu'au Dimanche prochain. Après le culte, placez-vous à la sortie avec une moitié de portes fermées afin qu'alignés à la droite, tout le monde arrive à vous serrer la main.

Regardez toutes ces bagues de fiançailles, elles sont faites de métal et d'autres choses. Vous savez sûrement que dans leurs maisons, se trouvent des idoles, des fétiches et d'autres puissances des ténèbres : donc ce sont des idolâtres. Ce sont eux qui utilisent des pouvoirs magiques. Et ceci, DIEU l'interdit.

Le commandement de DIEU dit que ceux qui croient en LUI et LE servent véritablement ne doivent servir aucun autre dieu en dehors de LUI. Le message qui m'a été donné était qu'il y a beaucoup de chrétiens qui, à leur mort, ne verront pas le CHRIST parce qu'ils sont idolâtres pendant leur séjour sur terre.

Cela fait partie des clauses de la mission qui m'a été confiée. Quand je l'eus livré ce message, il resta sans mot dire pendant une demi-heure, d'un air cogitatif, jambes croisées et en tapotant son front avec un crayon.

Il alla jusqu'au portail de mon père (c'est là que tout avait commencé et non dans ma maison actuelle), resta debout près de sa voiture, près d'une autre demi-heure avec ADIHU, un autre Pasteur originaire du Bénin (ancien Dahomey) qui l'avait accompagné, il promit de revenir mais je ne le vis plus jamais.

33. Mais conformément à la promesse de DIEU et (DIEU ne manque jamais d'accomplir ses promesses), au moment où tout cela se passait, une femme, originaire de Porto Novo, appelée TINAVIE, du District, de ZEVU, mourut à l'hôpital à la suite d'une courte maladie. L'Église avait à peine deux mois d'âge.

La sœur cadette de TINAVIE, MAWULOWOE (ce qui signifie : DIEU obligera), prophétisera que le cadavre devrait être apporté chez moi et que JESUS CHRIST le ressusciterait d'entre les morts. Les membres de l'Église, dans leur voisinage, vinrent m'annoncer ce décès et je leur demandai de faire venir le corps chez moi, apporté sur un brancard, je leur fis la demande de le déposer à même le sol.

34. Tous mes parents étaient Musulmans ; et seul mon père était Chrétien, dans toute notre concession familiale. Nous avions huit marques sur nos joues comme le veut la tradition Yoruba car nous sommes d'ethnie Yoruba. Quand on apporta le cadavre, mes parents Musulmans s'exclamèrent à la manière des Musulmans : "I-LAHILA, HILAWU ! Qu'est-ce que ce garçon a encore fait ? Apporter ici un cadavre !" Mais je leur demandai de le laisser sur le sol.

En bref, JESUS CHRIST mon SAUVEUR ressuscita TINAVIE d'entre les morts. Elle était de nouveau vivante et je demandai qu'on la conduise à l'hôpital pour saluer le médecin qui l'avait traitée et certifié son décès. Le médecin s'appelait Alexandre.

Lorsque celui-ci vit la ressuscitée, il courut en claquant la porte avec, dans sa pensée, qu'une personne morte ne pouvait plus revenir à la vie et lui parler. Il n'avait pas réalisé que c'était l'Eternel Dieu des Armées, le Rois des Rois, qui ramenait les gens à la vie.

Ce fut aussi MAWULOWOE qui lors de la première Fête de Noël, au bord de la mer, fut remplie du Saint Esprit et émit le Cantique suivant, en langue Yoruba :

JESUS, EMI YIO SIN O (Bis)
NIBI MIMO YI
LARIN'IJO NLA RE
EMI YIO SIN O
TITI D'OPIN
EMI YIO MU'BUKUN RELE
AMEN!

VERSION FRANÇAISE

JESUS, JE T'ADORERAI (Bis)
EN CE LIEU TRES SAINT
DANS CETTE GRANDE EGLISE
JE T'ADORERAI DES AUJOURD'HUI MEME
J'ENTRERAI COMBLÉ DE TA GRACE.
(AMEN).

35. Un autre miracle de DIEU se produisit sur l'un de mes amis, Moïse SURU AFOYAN, du District de ZEVU à Porto Novo, qui était mort. Ses parents vinrent me dire que mon ami était mort et qu'ils étaient venus acheter le cercueil pour l'enterrement et qu'ils venaient tout simplement m'annonce la nouvelle.
J'allai dans la maison de Moïse et je vis son cadavre étendu par terre, c'était mon ami. Je portais trois pièces de vêtement. J'en enlevai une, j'en couvris le cadavre et je demandais à tout le monde de sortir de la pièce. Quand le SEIGNEUR JESUS CHRIST manifesta sa volonté, Moïse SURU fut ramené à la vie à minuit.

36. J'y retournai le lendemain. Moïse SURU dit qu'il voulait me raconter ce qui s'était passé.
Il dit qu'il avait vu un vieil homme avec une chevelure et une barbe toute blanche et qui se tenait au balcon d'une maison à étage. Le vieil homme me fit venir pour me le montrer (Moïse) et lui demanda s'il me connaissait. Il dit avoir répondu par l'affirmative.
Le vieil homme lui dit (Moïse) qu'il était déjà mort mais que grâce à moi et par honneur pour moi (Pasteur) il allait retourner à la vie ; et luis encore, il (Moïse) n'allait pas mourir avant d'avoir vu le bâtiment à étage que celui qui l'a relevé des morts construira.

37. Ainsi, c'était Moïse SURU qui avait prédit que je construirai une maison à étage. Et je n'avais encore à l'époque pas la moindre puissance financière d'acheter une brique de construction ni même un seul parpaing.

Je gardai et nourrissais cette prophétie parce que je savais que la parole de DIEU ne faillit jamais. Je rends grâce à DIEU que Moïse SURU et ses enfants soient encore en vie aujourd'hui et que le bâtiment à étage ait été construit de son vivant comme il l'avait prophétisé.

38. Un autre événement important se produisit dans la ville de GRANPOPO où la mer était sortie de son lit en causant de sérieux dégâts.
À cause des échos qui lui parvenaient, à propos des miracles que le SEIGNEUR JESUS CHRIST accomplissait à travers ma modeste personne, le Chef de la ville m'envoya chercher avec un message disant que la mer avait envahi la ville et détruit toutes leurs maisons.
Il me fit dire aussi que DIEU m'avait envoyé et qu'il n'y avait rien que DIEU ne puisse faire. Il m'implorait de venir arrêter la mer qui emportait toute la ville.
Je répondis à cet appel en emmenant avec moi six personnes dont Wolidja (Woly-Leader ou Woleader = troisième onction dans l'une des hiérarchies des visionnaires) AFOSSE YANGA, son épouse Elder (Maman = troisième onction dans la hiérarchie des femmes) Silvestin, YAMAN et le Leader Mathias (Leader = troisième onction dans l'une des hiérarchies des hommes) venant de DANNU.

39. Lorsque nous arrivâmes à la mer, à GRANPOPO, je vis un Révérend Père Catholique européen, portant un bâton courbe de berger et se tenant devant la mer, mais chose curieuse, la mer le repoussait malgré le fait qu'il priait avec son bâton.
Quand j'arrivai à mon tour, à ce niveau, Celui qui m'a envoyé (DIEU) m'apprit que le monde entier était comme un œuf et que pareillement, la mer était comme une aiguille. Je fus instruit par le SAINT ESPRIT que je devais d'après cela introduire une aiguille dans un œuf sous les yeux de tous les habitants de GRANPOPO et jeter l'œuf avec l'aiguille dans la mer qui les emporterait.
Je fis ce qui m'avait été dit exactement, car ce n'était pas ma volonté mais celle de Celui qui m'a envoyé.
Après cela, le CHRIST manifesta son miracle : LA MER SE RETIRA COMPLETEMENT.

40. IL serait intéressant de noter un développement ultérieur de cet événement. Il y avait une lagune dans la ville de GRANPOPO qui se vidait normalement dans la mer (cela formait une espèce d'estuaire) et le point de rencontre était dangereux car de nombreux bateaux y chaviraient. La mer s'était tellement retirée que toute la zone d'entrée de la lagune (formant un estuaire avec la mer) s'était asséchée.
Lorsque les féticheurs et les sorciers, endurcis devant le miracle de JESUS CHRIST, virent ce qui arrivait, se trouvèrent assez ennuyés et protestèrent contre le fait que la mer se fut retirée trop loin.
A cet effet, ils apportèrent des vaches à offrir en sacrifice et les jetèrent dans la mer. À cause des actes d'impureté, la mer revient (elle ressortit de son lit) avec une fureur redoublée après trois mois et fit plus de dégâts qu'avant.

41. La renommée de ces faits se répandit loin et largement. En conséquence, les gens de TOFFIN accoururent rejoindre l'Église d'Agonguè, l'Église s'étendit jusqu'à GBEKO, de GBEKO à GOGBO.
Au fur et à mesure que l'Église s'étendait et prenait de l'ampleur, les Catholiques, les Musulmans et les Méthodistes de Port Novo commencèrent à comploter leurs forces contre moi. Ils avaient tous des informateurs (espions) dans ma maison. Les Catholiques avaient les leurs, y compris les Musulmans et les Méthodistes. Tous les fidèles et adeptes de ces trois congrégations religieuses qui priaient chez moi, étaient signalés par leurs agents doubles. Suite à cela, je déménageais pour WEME, un District de TOFFIN.

ENTREE AU NIGERIA

42. Lorsque mes détracteurs ne me virent plus à Porto Novo, ils crurent que la force de l'Église déclinait. Mais c'était le contraire qui se produisit selon les gens que j'avais laissé. Au même moment, quelques-uns un des membres de TOFFIN établirent une autre cellule de prière à GBAJI d'où elle s'étendit à Lagos au Nigeria. Ceux qui avaient introduit l'Église à Lagos étaient pêcheurs, ils étaient à peu près au nombre de sept dont deux d'entre eux se nomment Samuel François (actuel guide ou Leader = responsable paroissial), LEYON qui est là parmi nous ; en plus de ces deux, il y a aussi JOHANA de GBAJI et le défunt SEPO.

43. Les œuvres spirituelles de l'Église, manifestées par le SAINT ESPRIT, que les gens de Lagos remarquaient autour d'eux, conduisirent ceux-ci à demander à me rencontrer.
J'étais déjà de retour à Porto-Novo ou l'Église avait pris de l'ampleur considérable quand on me fit savoir que les gens de Lagos voulaient me rencontrer, je craignais d'y aller car je n'envisageais me rendre nul part ailleurs, pas même au Nigeria En plus étant le seul et unique garçon survivant de mon père, je craignais le Nigeria à cause de la mauvaise renommée qu'avait ce pays. L'émissaire de Lagos était toujours Moise AJOVI d'IJOFIN, Nigeria, aujourd'hui guide supérieur (responsable spirituel d'une paroisse).
Après avoir refusé à deux reprises de me rendre à Lagos, je me laissais réfléchir la troisième fois, après avoir su que Moise AJOVI serait toujours avec moi partout. C'est ainsi que nous voyageâmes pour Lagos, pendant la semaine de la passion du CHRIST en 1951.

44. Peu après mon arrivée à Lagos, je fus informé qu'une femme était atteinte de folie et gisait dans une chambre.
J'allais la voir et le SEIGNEUR JESUS CHRIST la guérit instantanément. Cela provoqua un émoi considérable et le JEUDI SAINT, la nouvelle de ce fameux miracle au nom de JESUS CHRIST avait circulé telle une traînée de poudre.

45. Un certain nombre de prêtres et responsables de diverses églises demandèrent à me rencontrer le VENDREDI SAINT à YABA dans une grande salle où il y avait un piano dans un coin.
Ils me dirent qu'ils avaient entendu parler des histoires de miracles, des morts qui se relevaient, etc...
Bien qu'étant tous Chrétiens, ils voulaient me faire savoir clairement que je devais les considérer comme des "Saint Thomas", doutant avec la plus grande circonspection. Ils voulaient beaucoup croire que DIEU m'ait envoyé, mais ils ne le croiraient vraiment que s'ils voyaient s'accomplir des miracles dont ils avaient tant entendu parler et sous leurs yeux.
J'acceptai et je leur demandai lesquels d'entre eux voulaient voir la gloire de notre SEIGNEUR JESUS CHRIST et savoir si DIEU m'avait envoyé. Ils répondirent qu'ils le voulaient tous.

46. Je choisis alors deux femmes parmi eux ; l'une d'elle était mariée et l'autre ne l'était pas, je leur demandai de s'étendre par terre. J'enlevai deux des vêtements que je portais, en plaçant un sur chacune d'elle.
Après une heure environ, rien ne se produisit. La plus âgée dit qu'il lui avait semblé que quelque chose l'avait frôlée mais elle avait regardé et n'avait rien vu.
A ce niveau, ils commencèrent à penser qu'il n'y avait rien et n'y aurait pas de miracles.

47. Je me souvins et chantai la chanson qu'un des enfants à Marie ZEVENU, âgé de onze mois, chantait sous l'inspiration et la puissance du SAINT ESPRIT. Cette chanson fut révélée en YORUBA comme suit :

Solfège :

EMI MIMO SOKALE SARIN WA	S : S:D : M:-:-:D:R:D:T:L:S:-:-:-:-
AWA NSE IRETI RE	S:S:D:M:-:-:D:R:-:T:-:D:-:-:-:-
WA WONUWA KO WA FUN WA L'AGBARA	S:D:L:S:-:-:M:S:F:M:R:M:-:-:-:M:
AGBARA T'AWA YIO FI SEGUN,	S:S:D:M:-:-:D:R:-:T:-:D:-:-:-
O KI ISE LERI RE LAI MU U SE	S:S:L:S:-:-:M:S:F::M:R:M:-:-:-M
RANTI ILERI RI TO SE	S:S:D:M:-:-:D:R:-:T:-:D:-:-:-:-

Version anglaise:

O! HOLY GHOST DESCEND THOU UPON US
WE WAIT UPON THY COMING DOWN,
COME ENTER US AND GIVE THY HOLY STRENGTH
THE STRENGTH WITH WITCH WE SHALL OVERCOME,
THOUNEVER MAKES A PROMISE WITHOUT FULFILING IT
DO THOU REMEMBER THINE PROMISE.
AMEN.

Version française :

O ! SAINT ESPRIT DESCEND PARMI NOUS
NOUS ESPERONS TA BIENVENUE
DESCENDS EN NOUS, NOUS CEINDRE DE TA FORCE
LA FORCE POUR VAINCRE L'ENNEMI
TU NE PROMETS SANS TENIR TA PAROLE
SOUVIENS-TOI DE TA PROMESSE.
AMEN.

48. Brusquement, pendant qu'ils chantaient, le SAINT ESPRIT descendit sur eux. Parmi eux, quelqu'un se mit à dire : "C'est mon bien aimé. Je l'ai envoyé, écoutez-le".
Un autre dit : " toi femme mariée, tu es en période menstruelle et tu veux voir la gloire de JESUS CHRIST, demande à la femme qui es près de toi si elle est oui ou non dans sa période".
Un autre dit : "toi, jeune femme, tu sais très bien que tu viens d'avoir des relations sexuelles et tu ne t'es pas lavée afin d'être propre. Je suis un DIEU sélectif". Ils furent tous déroutés par tout ce que les uns et les autres voyaient et toute la salle fut ébranlée et ils virent le pouvoir et la gloire de DIEU.

49. Alors, ce jour-là, les gens de YABA, connaissant beaucoup de chants chrétiens de leurs propres dénominations et très impressionnés par ce qu'ils voyaient et vivaient, déclarèrent qu'ils ne feraient rien sinon chanter devant le SEIGNEUR JESUS CHRIST.
Suite à cela, ils commencèrent un festival de chants à la gloire de notre SEIGNEUR JESUS CHRIST. Quelques temps après, je leur dis qu'il était temps pour eux de rentrer à la maison. Ils dirent qu'ils n'arrêteraient pas de chanter avant le point du jour et que moi, je ne devais pas rentrer chez moi. En plus, continuèrent-ils, il pleuvait et une fois qu'il avait commencé à pleuvoir dans ces régions disaient-ils, ça ne s'arrêterait pas longtemps.
Je leur dis que ce qu'ils prenait ou considérait comme pluie était naturellement une partie de l'œuvre de DIEU car c'était une averse spéciale qui s'arrêtera dès que je voudrais rentrer chez moi.
Lorsque je m'aperçus qu'ils avaient rassemblé beaucoup d'argent pour m'en donner, je leur dis que je ne voulais pas d'argent.
Une femme parmi eux me donna deux miches de pain à deux shillings que j'acceptai en disant : "JESUS A DIT QU'UN TRAVAILLEUR MERITAIT D'AVOIR LA NOURRITURE ", dès lors que je m'en allai. Ils dirent que je ne pouvais pas encore partir à cause de la pluie.
Je jetai un coup d'œil dehors, j'étendis ma main sous la pluie et celle-ci s'arrêta au nom du SEIGNEUR JESUS CHRIST et je pus enfin partir chez moi.
Ce miracle nouveau les étonna vraiment et provoqua une ruée migratoire humaine vers l'Église du Christianisme Céleste. C'EST COMME CELA QUE L'EGLISE COMMENCA REELLEMENT AU NIGERIA.

50. Il se produisit ensuite un autre miracle que le SEIGNEUR JESUS CHRIST opéra sur un enfant de sept ans appelé HUNSU, en le ressuscitant des morts. Il fut trouvé dans sa chambre, recroquevillé sur le sein d'une vieille femme. Le corps du jeune garçon fut arraché de force à la femme et me fut apporté devant l'Église.

Ordonné par le SAINT ESPRIT, je lui aspergeais de l'eau bénite et il se lava immédiatement au nom de JESUS CHRIST.

Ce grand miracle provoqua un grand émoi considérable chez le grand Imam de Lagos qui était en route pour l'inauguration d'une nouvelle mosquée (la mosquée Owodunni à Iwaya), il s'arrêta avec sa suite, avec la détermination de voir si oui ou non le nom de "ANOBI YISA" (JESUS CHRIST en arabe) pouvait opérer des miracles comme on le proclamait souvent.

Après avoir vu le miracle du CHRIST s'accomplir, sa suite et lui s'exclamèrent en arabe : "LAHAILA HILALAWU" ce qui signifie "DIEU SEUL EST PUISSANT".

51. Peu après cela, l'on annonça la mort d'une autre jeune femme nommée Thérèse HUMPE. Elle était morte tôt le matin dans le quartier des pêcheurs.

Parce qu'ils ne pouvaient pas trouver un médecin pour constater le décès et délivrer un certificat de décès, ils essayaient, comme cela se faisait souvent à Makoko en ce temps-là, d'attendre la nuit noire pour l'enterrer secrètement.

Makoko était à cette époque-là dans la brousse et cet acte pouvait s'opérer sans difficulté et dans la discrétion totale, à l'abri des autorités compétentes.

Mais le SAINT ESPRIT était avec moi ; je demandai de m'apporter le corps de la défunte. Le corps (cadavre) me fut apporté en plein jour au vu et au su de tout le monde.

Mais celui qui m'a envoyé (DIEU) était pleinement derrière moi. Je plaçais ma main sur Thérèse et, à l'instant même, elle se leva au nom de JESUS CHRIST.

Grâce à DIEU, Thérèse est vivante aujourd'hui et elle est mère de plusieurs enfants.

52. Ce fut pourquoi la propriétaire de Makoko, la défunte RAMOTU Emmanuelle, une femme Musulmane, s'approcha de moi pour dire qu'elle avait vu en songe qu'un homme saint venait d'entrer à Makoko et que si elle tenait à garder la propriété des terres de Makoko, elle devait aller voir cet homme. Elle me dit que j'étais l'homme en question et me demanda de prier en sa faveur pour qu'elle conserve la propriété de Makoko et elle me demandait mes conditions.

Elle était venue avec son fils RAIMI, son Secrétaire et BALOGUN son écuyer. Je lui répondis que je ne prenais absolument rien.

Par contre, je lui demandai d'apporter une seule bougie que j'utiliserai pour prier en sa faveur. Ces prières, grâce au CHRIST, furent exhaussées.

La ville de Makoko devint sa propriété incontestée depuis le troisième mois jusqu'à ce jour.

Bien qu'elle ait été Musulmane, elle se rappela que DIEU l'avait aidé au nom du SEIGNEUR JESUS CHRIST, par l'intermédiaire de l'Église du Christianisme Céleste et elle donna à l'Église la parcelle sur laquelle se trouve l'actuelle Paroisse de MAKOKO YABA (Siège mondial du Diocèse du Nigeria).

Pour prévenir toute contestation après sa mort, elle fit officiellement une cession de la propriété à l'Église (bien que ce fut en son nom) et reçut en retour, en guise de paiement, un Franc symbolique (One Kobo, équivalent à 1/100 de Naïra). Elle fit ce don à cause des nombreux miracles que le SAINT ESPRIT avait accomplis au nom du CHRIST.

Que DIEU bénisse la famille RAMOTU Emmanuelle mourut le 23 Mars 1952, un dimanche de Pâques.

53. Les miracles accomplis par notre SIGNEUR JESUS CHRIST par mon intermédiaire furent nombreux.

Je ferai une mention particulière à une jeune femme nommée OLUSOLA qui mourut et que le SEIGNEUR JESUS CHRIST ressuscita des morts trois jours après.

54. Un membre de l'Église qui aimait répéter : "Dites ALLELUIA" vint me voir un Dimanche matin pour m'annoncer la mort d'une jeune femme la veille à trois heures de l'après-midi du Samedi, dans sa maison, non loin de la sienne. Il dit qu'à la vue de nombreux miracles accomplis par le SEIGNEUR JESUS CHRIST à travers ma personne ici même à Makoko, particulièrement ceux de HUNSU et de Thérèse. Il était sûr qu'OLUSOLA pouvait être ressuscitée d'entre les morts.

Il me parla d'abord à dix heures, ce Dimanche matin, alors que le culte allait commencer. Le culte se termina à trois heures de l'après-midi (15H00) et il continuait à me harceler mais je ne lui répondis pas.

À cause de sa persistance, je dus, à quatre heures de l'après-midi (16H00), envoyer l'Évangéliste BADA (alors chargé paroissial) avec une de mes soutanes pour suivre le jeune homme qu'on appelle ALLELUIA chez lui et poser cette soutane sur le cadavre, en disant aux parents que lorsque le corps bougera qu'on me l'apporte à l'Église. Au moment de s'y rendre, "ALLELUIA" devrait marcher devant et l'Évangéliste BADA derrière.

55. L'Évangéliste revint et me rapporta qu'il avait exécuté mes instructions. Aux environs de cinq heures trente de l'après-midi (17H30), ils apportèrent le corps dans une voiture parce qu'ils étaient étonnés de voir le corps se retourner, alors que celui-ci était toujours sans vie. Je demandai qu'il fût placé dans la sacristie des femmes à l'Église (sacristie des femmes ou parvis des femmes).

56. Il y a avait un jeune homme originaire d'ONDO STATE (une des provinces ou État du Nigeria) qui était venu avec eux. Il appartenait à une des autres Églises spirituelles, mais je ne sais laquelle. Lorsqu'il vit que nous avions laissé le corps d'OLUSOLA dans la sacristie, pendant des heures, sans nous préoccuper de prier dessus ou de nous en approcher mais que nous continuions à parler de manière générale, il vint me conseiller qu'au lieu de ne rien faire, nous devions prier pour le cadavre, qui empestait déjà ? Je lui répondis que je n'étais pas celui qui devait ramener OLUSOLA à la vie et qu'il devait faire très attention surtout ne pas aller du coté du cadavre. Je lui dis que s'il le faisait, il devait accepter la responsabilité de tout ce qui lui arriverait. Mais il ne voulut pas écouter. Il continuait à faire des pas vers la sacristie où était exposé le cadavre.
Curieusement, il revint à moi en courant avec un air effrayé et raconta qu'il avait vu un homme vêtu de blanc, avec la chevelure séparée en deux et qui se tenait debout, au chevet du cadavre. Je rétorquais que je l'avais averti de ne pas s'approcher du corps. Il s'enfuit et j'allai dormir, la mère d'OLUSOLA alla aussi dormir. Je ne me souciais pas du corps.
Ces miracles ne sont pas accomplis par ma puissance, je ne suis que l'humble serviteur de celui qui m'a envoyé, c'est-à-dire l'ETERNEL DIEU. Par la grâce du CHRIST, je n'avais donc pas besoin de me livrer à un assaut de veillée de prière, de jeûne ou de m'infliger une quelconque ascèse.

57. Dans la matinée du troisième jour après la mort d'OLUSOLA, sa mère regardant les heures passer, devint tendue et agitée.
A neuf heures du matin, elle vint à moi et dit avec désespoir que comme le corps d'OLUSOLA devenait puant et toujours sans vie et recouvert de fourmis, qu'on devait lui permettre d'emporter le corps à la maison afin qu'elle puisse procéder à la mise en bière et à l'enterrement.
Pendant qu'elle disait cela, son pagne tomba. Emus de compassion, je me levai pour la suivre là où était le cadavre de sa fille, étendu sans vie. Je lui demandai le nom de sa fille et elle me répondit que son nom était "OLUSOLA".
Je frappais le corps et j'appelai "OLUSOLA" et la fille me répondit "MONSIEUR". Je la frappais de nouveau et dis : " Au nom de JESUS CHRIST lève-toi et marche" ; elle se leva immédiatement et marcha.
Elle est toujours là avec vous, vous la connaissez tous. Sa sœur cadette est la sœur IPADEOLA.

PROPHETIE SUR L'APPARITION DE NOTRE SEIGNEUR JÉSUS CHRIST

58. En ce qui concerne notre SEIGNEUR JESUS CHRIST, SEIGNEUR DU CIEL ET DE LA TERRE qui m'a envoyé, il était temps pour lui de révéler lui-même toute sa puissance et sa gloire, là même à Makoko. Ceci arriva en 1954 le vendredi suivant le culte d'actions de grâce pour la fête des moissons, car cette année était la troisième édition de la célébration de la fête des moissons au Nigeria.
Pendant trois mois avant sa venue, des messages spirituels étaient annoncés par nos visionnaires pour signifier que le SEIGNEUR lui-même viendrait nous rendre visite, en marchant au milieu de nous et que nous devions toujours être prêts à pouvoir l'identifier dès son arrivée.
Vers trois heures du matin, le jour de son arrivée, je fus rempli du SAINT ESPRIT et comme on me l'a raconté plus tard, je prononçais continuellement les mots suivants jusqu'à cinq heures trente du matin, moment durant lequel, selon les témoins, la maison était secouée jusqu'à ses fondations : "JESUS, JESUS ENITI IRI RE DABI IRI OJU OMO KINIUM, ENITI NTI ORI EKANNA RE TAN IMOLE".
Cela signifie en anglais: " JESUS, JESUS, YOU WHOSE EYES ARE LIKE THOSE OF LION CUB, AND FROM WHOSE FINGER TIPS LIGHT BEAMS OUT".

En français, cela signifie : "JESUS, JESUS, TOI DONT LES YEUX SONT COMME CEUX DU LIONCEAU ET DONT LA LUMIERE RAYONNE DU BOUT DES DOIGTS".
Ceci me fut rapporté plus tard dans la matinée par l'Évangéliste BADA (alors chargé paroissial) qui dormait près de moi dans l'Église en même temps que d'autres membres.

APPARITION DE NOTRE SEIGNEUR JESUS CHRIST

59. Le SEIGNEUR arriva sous l'aspect d'un aveugle. Il apparut marchant vers l'Église à peu près à neuf heures du matin. Il parla d'abord à ma femme Christine et lui demanda du tabac. Elle répondit n'en avait pas. Alors, il demanda des cigarettes, et de nouveau elle répondit qu'elle n'en avait pas.
Il lui demanda alors des noix de cola, ce sur quoi elle répondit qu'on devait la laisser tranquille, particulièrement parce que les trois choses qu'il lui avait demandées sont interdites aux membres de l'Église du Christianisme Céleste ; d'où la légère colère de ma femme dans ses réponses.
A ce moment, YAMAN qui était à ses cotés, intervint et lui offrit de l'argent pour acheter tout ce qu'il avait demandé et qu'il n'avait pas pu obtenir de ma femme. Il déclina l'offre et la bénit en lui disant qu'il ne lui manquera jamais de l'argent. Néanmoins, il recommanda à YAMAN d'avertir sa fille Christine de faire attention parce que le monde est délicat. Puis il les laissa.
60. Bien entendu, j'étais absent de tous ces événements car j'étais dans une autre maison située à 45 mètres de celle dans laquelle se trouvaient Christine et YAMAN. Tout d'un coup, je vis un homme venant vers moi. Il était de grande taille et d'allure gracieuse, et habillé d'une seule pièce de tissu blanc enroulé autour de son corps, de la côte aux orteils. Soudain, comme il s'approchait, je vis spirituellement un rayonnement de lumière devant lui et reconnus aussitôt qu'il était le SEIGNEUR dont la venue avait été annoncée.

61. J'allai à sa rencontre. Il était aveugle, le point noir habituel de l'œil était totalement absent de ses globes oculaires qui étaient entièrement blancs.
Je demandai alors ; "mon Seigneur d'où viens-tu et où vas-tu " ? Il répondit : " LE FILS DE L'HOMME VIENT DE NUL ENDROIT PARTICULIER, PAS PLUS QU'IL N'A AUCUNE DESTINATION MAIS IL VA LA OU LE VENT LE CONDUIT ". Très bien mon SEIGNEUR mais ne voudrais-tu pas venir avec ton fils dans sa maison ? Il répondit out en marchant avec moi : "N'es-tu pas Prophète ? Il t'a été donné de me connaître grâce à ton aimable bonté. J'irai avec toi dans ta maison.
Pendant que je marchais, je mis la main à ma poche et lui offris de l'argent pour l'aumône. Il déclina l'offre et dit : " Ce qui est à moi ce n'est pas l'argent mais l'amour.
Qu'il en soit ainsi pour toi aussi " ?
62. Nous marchions ensemble, moi sur la gauche et lui à ma droite. Il y avait en ce temps-là un caniveau non loin de l'entrée de la Paroisse et qui servait à l'évacuation, vers la lagune, des eaux souterraines qui suintaient par-ci par-là.

Arrivé devant le caniveau, je dis : " mon Seigneur, fais attention au caniveau, laisse-moi prendre ta main pour que tu puisses traverser en toute sécurité".
Il répondit : "PAS DU TOUT, LE FILS DE L 'HOMME PEUT NE PAS AVOIR DES YEUX VISIBLES, MAIS IL A DES YEUX DE L'ESPRIT QUI VOIENT MIEUX QUE LES TIENS".
Avant qu'il n'eût fini, il avait déjà adroitement franchi le caniveau avant moi. Nous marchâmes ensemble et entrâmes dans ma maison.

63. lorsque nous fûmes installés dans ma maison, il me demanda de l'eau et je la lui apportai dans un bol. Il demanda du sucre, Makoko n'était pas non plus développé qu'aujourd'hui ; ce n'était qu'une bourgade.
Je trouvai là une occasion pour lui plaire. Il n'avait pas accepté d'aumône de ma part, peut-être qu'à travers cette opportunité, profiter de lui faire plaisir en lui offrant un paquet de sucre. Malheureusement, je cherchai du sucre en vain dans tout Makoko. Je revins lui dire que je n'avais pas pu trouver du sucre. Il me répondit que les sept morceaux de sucre qui se trouvaient dans ma chambre suffiraient.
J'allai dans ma chambre, cherchai et naturellement, je trouvai les sept morceaux de sucre que je lui apportai.
Il me demanda de les mettre dans le bol d'eau que je lui avais remis avant et il dit : "A PARTIR D'AUJOURD'HUI, QUE LE SUCRE DEMEURE TOUJOURS DANS TA MAISON". Il dilua le sucre

dans l'eau, but sept gorgées et me donna le reste en disant : "LES HOMMES ACCOURRONT VERS TOI AVEC DIVERS PROBLEMES"... et il continua, me fournissant des explications instructives sur les vertus de l'eau.

Je bus aussi sept gorgées et gardai le reste d'eau que je conserve encore aujourd'hui.

64. Il demanda un tissu assez grand pour envelopper un cadavre. Je regardai autour de moi et pus trouver seulement un mètre de tissu blanc auprès de ma femme Christine. Je l'enroulais dans du papier.

Comme je m'approchai de lui par derrière, il demanda : "CELA PEUT-IL SUFFIRE À COUVRIR TOUT MON CORPS DE LA TETE AUX ORTEILS" ? Déconcerté, je retournai rendre le tissu. Mais il dit : "COMME TU AVAIS L'INTENTION DE M'EN FAIRE UN CADEAU, NE L'EMPORTE PAS, LAISSE-LE ET VA CHERCHER QUELQUE CHOSE DE PLUS GRAND".

Alors, l'Évangéliste BADA qui se trouvait à coté de nous, attira mon attention sur une nouvelle pièce de tissu en coton doux avec laquelle l'autel était habillé, à l'occasion de la fête des moissons, le Dimanche précédent.

Soudain, le SEIGNEUR JESUS CHRIST coupa notre conversation et dit : "OUI CELA SERA SUFFISANT POUR ME COUVRIR DE LA TETE AUX ORTEILS". Il ne le toucha pas mais il me demanda de l'emballer avec le premier tissu que j'avais rendu. Ce sur quoi, j'allai aussitôt dans la paroisse enlever le pagne de l'autel, je l'emballai et le lui apportai. Il s'en réjouit en disant : "OUI, CECI EST MA PART DE LA MOISSON DE CETTE ANNEE".

Je soulignerai aussi la présence effective à cet événement d'Emmanuel YANSUNU qui, lui, était Méthodiste et venait seulement accompagner son frère l'Évangéliste Nathaniel YASUNU.

65. Il parla de plusieurs choses avec moi, entre autres, Il me confirma ceci : "TOUS VOS CULTES A DIEU ET TOUTES LES ŒUVRES DE L'EGLISE SONT AGREES PAR LE PERE TOUT PUISSANT. NEANMOINS, DIS À TOUS LES MEMBRES DE L'EGLISE DU CHRISTIANISME CELESTE D'ETRE ASSIDUS DANS LE CULTE ET L'ADORATION QU'ILS DOIVENT RENDRE À DIEU ET À SES ŒUVRES PARCE QUE L'ADORATION SERA L'ULTIME SALUT DE L'HUMANITE.

TOUTEFOIS, L'AMOUR DE L'ARGENT SERA LA RUINE DES HOMMES QUI ASPIRERONT AU ROYAUME DES CIEUX".

Il me demanda de fixer mes yeux sur lui, autant que je le pouvais car je n'aurai plus l'occasion de le voir tel quel et de lui parler de cette façon. Il me dit que j'allais sûrement le revoir, mais il ne pouvait pas me dire comment cela allait se faire. Cela se rapporta au moment où moi-même j'avais failli quitter ce monde. Il se proposa de prendre congé de nous en nous intimant l'ordre de ne pas annoncer son départ.

L'Évangéliste BADA qui était resté présent pendant tout ce temps, poursuivit en disant : "Qui peut manquer la gloire de voir ce soleil brillant" ?

Ce sur quoi notre SEIGNEUR JESUS CHRIST répondit avec surprise et exclamation :

"Comment" ? Alors BADA répéta : "Père, qui peut manquer de voir la gloire de ce soleil brillant de félicité" ? Alors, notre SEIGNEUR JESUS CHRIST psalmodia SEPT FOIS ALLELUIA

L'Évangéliste Nathaniel YANSUNU de Porto-Novo (il n'était pas encore Chargé Paroissial) dormait dans une autre chambre à proximité de chez moi. Il était paralysé mais aussitôt qu'il entendit parler à coté, il se leva et étendit sa jambe, en se redressant en même temps. Je rappellerais ici que ce Nathaniel YANSUNU était le fils de Moïse YANSUNU avec qui j'étais quand j'avais l'âge de sept ans.

66. Poursuivant, le SEIGNEUR JESUS CHRIST me dit qu'il était venu me parler parce qu'il y avait beaucoup à dire, mais que je devais marcher avec lui uniquement sans aucune autre présence humaine. Nous quittâmes la maison, laissant les autres derrière.

Il me demanda d'apporter les deux pièces de tissu que je lui avais donné. Je les pris avec moi. Nous marchions le long de la rue de l'Église, en plein jour et nous ne rencontrions âme qui vive sur le chemin du Pont de Makoko.

Il me parla et me donna des explications et des instructions particulières sur bon nombre de sujets ayant trait à l'Église. Une de ses instructions était que nous devions célébrer la SAINTE CENE (la Sainte Communion) à notre assemblée annuelle de NOEL à Porto Novo et qu'il serait lui-même présent et y participerait.

Avant cela, nous n'avions jamais célébré la SAINTE CENE pendant nos assemblées de NOEL, mais à la suite de son injonction, nous avions célébré la SAINTE CENE (pour la première fois) à notre assemblée de NOEL de cette année-là qui, d'ailleurs, fut la septième année de l'existence de l'Église du Christianisme Céleste ; ce fut une date historique pour notre Église.

67. A l'époque, des rondins de palmiers étaient placés de chaque côté du pont, afin de soutenir le route et d'empêcher que celle-ci soit emportée ou détériorée par des courants de différentes pluies. Nous nous tenions debout sur l'un des rondins de palmiers qui se trouvait à droite et nous étions tous les deux face à face l'Ouest. Il me demanda de sortir les tissus et dès les étaler par terre, sur la boue. Après avoir exécuté ses instructions, il posa son pied gauche sur les tissus, pendant que son pied droit restait sur le rondin de palmier.

Alors, avec son pied gauche toujours sur les tissus ballonnant ; il s'adressa : " FILS DE L'HOMME, C'EST ICI QUE NOUS NOUS SEPARONS ; VA ET NE TE RETOURNE PAS".

Je fis demi-tour et commençai à m'en aller. Après avoir fait trois pas, je fus curieux de savoir comment il ferait pour partir puisque apparemment, il n'y avait pas d'issues vers là où il regardait. Je me retournai et je ne le vis nulle part. " LE SEIGNEUR JESUS CHRIST AVAIT DISPARU''.

68. Trois jours après, il se produisit un incident particulier. Une femme qui se proclamait membre de notre Église, continuait à fréquenter secrètement les charlatans, les féticheurs et les sorciers. Un jour, elle passait par le cimetière dénommé APENA.

L'homme habillé de blanc qui m'était apparu plutôt, lui apparut aussi et elle devint aussitôt immobile comme une statue. Elle fut transportée dans sa maison non loin de là.

Pendant que cet événement se déroulait, au même moment, je recevais une prophétie ici dans l'Église de MAKOKO, qu'il y avait des gens qui venaient à moi en clamant d'être des chrétiens mais elles étaient pires que les charlatans et les féticheurs, que l'une de ces personnes venait juste d'être prise et allait être emmenée ici.

A son arrivée, je devais lui demander pourquoi un membre de l'Église du Christianisme Céleste continuait-il à rechercher l'aide et le secours des herboristes, des charlatans et des féticheurs voir d'autres agents sataniques. Je devais l'informer que c'était LUI, CHRIST, qui lui était apparu.

69. En vérité, quelque temps après, on m'apporta une femme tombée en inconscience. Lorsque je lui imposais la main au nom du SEIGNEUR JESUS CHRIST, elle redevint consciente et se releva. Je lui répétais exactement ce qu'on m'avait ordonné de lui dire et elle se confessa.

70. Une autre apparition de notre SEIGNEIR JESUS CHRIST eut lieu sur la grande plage de LAGOS en 1954, à l'occasion de la prise d'onction de certains membres de l'Église au Nigeria dont Samuel, LEYON et quelques autres.

Il est important de noter que LEYON et Samuel furent les premiers à être élevés au grade de Leader dans le Diocèse du Nigeria.

NOTRE SEIGNEUR JESUS CHRIST APPARUT A LA MER.

Comme cela s'était produit avant sa première visite chez nous à MAKOKO, je fus rempli du SAINT ESPRIT vers trois heures du matin, le jour où sa venue avait été prophétisée, dans mon sommeil.

Vers midi, pendant que nous étions sur plage pour l'onction, un bateau apparut soudain, gisant loin, hors de la mer. En un clin d'œil, il s'approcha à une distance environ de deux cents mètres de la plage. Quelque temps après, nous vîmes un homme couché sur la plage avec un morceau de pagne bleu autour des reins. Ce qui me rappela son image sur la croix. Son corps tout trempé, démontrait qu'il venait de sortir de l'eau. Il avait sur son coté, une vieille bible fatiguée et attachée au bout par une ficelle, une copie du Coran et des langoustes séchées.

Je sus qu'il était notre SEIGNEUR JESUS CHRIST et j'allai immédiatement vers lui.

Il me parla et me donna d'autres instructions et explications sur pas mal de choses concernant notre Église. Il m'interdit particulièrement de ne pas engager de » commerce des yeux » avec qui que ce soit.

Pendant ce temps, une femme habillée simplement, tournait autour de lui, sans trop s'approcher, pour l'examiner attentivement, puis, s'éloignant encore, elle le fit de manière répétée. Je sus que c'était MARIE.

Le soleil était haut et nous avions cherché à nous rassembler sous l'ombre des arbres qui existaient encore à l'époque. En marchant vers lui, le sable brûlait sous mes pieds mais j'arrivai immédiatement près de lui et tout devint frais comme sous une ombre. Après avoir conversé avec lui, je retournai vers l'assemblée des membres de notre Église et leur révélai que celui dont j'étais le Prophète était arrivé et se reposait là les membres présents se ruèrent vers lui et il parla à plusieurs d'entre eux.

On remarquait particulièrement une dame, madame ADEDOYIN ADEKOYA, qui était magnifiquement habillée en costume yoruba. Lorsqu'elle nous contait sa propre aventure, elle dit que notre SEIGNEUR JESUS CHRIST lui avait demandé pourquoi elle était nue. Cela l'étonna.

A ce moment, YAMAN l'interrompit en indiquant que cela était dû au fait qu'elle ne portait pas de soutane comme les autres.

Des membres d'autres Églises spirituelles qui étaient aussi en train de prier à la plage ce jour-là, le virent de même et plusieurs d'entre eux, en extase spirituelle, roulèrent sur le sable en creusant des trous avec leurs mains et témoignant de son identité et de sa présence.

Divers poissons, des baleines et d'autres animaux marins sortaient de la mer en faisant des galipettes en guise de salutation.

71. Nous poursuivîmes nos prières et pendant tout ce temps, je gardai un œil ouvert sur lui afin d'être sûre qu'il ne disparaîtrait pas à mon insu. Au moment de rendre grâce à DIEU, nous fûmes obligés de fermer tous nos yeux. Après avoir rendu grâce, nous ouvrîmes les yeux et à notre grande surprise, nous constatons que le SEIGNEUR JESUS CHRIST, MARIE et le bateau avaient disparu.

Ce fut en vain que les membres de l'Église les cherchèrent.

72. Les miracles qui se produisirent au nom de notre SEIGNEUR JESUS CHIST ici furent tellement nombreux qu'il ne m'est vraiment impossible d'en dresser une liste exhaustive.

Devant Dieu et devant les hommes, plusieurs personnes avaient été ressuscitées d'entre les morts au nom de notre SEIGNEUR JESUS CHRIST.

En 1958, trois autres personnes furent ressuscitées d'entre les morts au nom de notre SEIGNEUR JESUS CHRIST dont deux à ABEOKUTA et une à Ibadan. Elles sont toutes, ici avec nous. GLOIRE A DIEU AU PLUS HAUT DES CIEUX ! ALLELUIA !

73. Par la grâce du CHRIST, au moins dix-huit aveugles voyaient ou recouvraient la vue par jour, les muets parlaient, les paralytiques marchaient, d'autres malades (trop nombreux) guérissaient, les femmes stériles devenaient mères et celles qui avaient des problèmes d'accouchement dus à la sorcellerie étaient délivrées.

L'un des exemples le plus récent fut celui de la mère de NIMBE qui est là avec nous. Lorsqu'on la conduisit à l'Église, les médecins et l'opinion publique disaient qu'elle n'était pas enceinte ; je crois que vous vous souvenez de ce dont je parle.

Mais par la puissance et la gloire de notre SEIGNEUR JESUS CHRIST, il fut révélé que cette femme était enceinte. En fin de compte, elle donna naissance à un enfant que nous appelons OLUWAMBE ce qui veut dire : DIEU EST OMNIPRESENT. Il est devenu aujourd'hui un jeune homme. De la même manière, madame SAMORIN dont la grossesse n'avait pas été reconnue médicalement, donna naissance à une fille nommée MOJISOLA.

74. Les miracles de notre SEIGNEUR JESUS CHRIST devinrent pour nous des événements quotidiens. Ils témoignaient des promesses que celui qui m'a envoyé (LE CHRIST) m'avait faites, en disant que ces miracles arriveraient par moi afin que le monde croit que c'est lui qui m'a envoyé et qu'il est toujours avec moi.

Que son NOM soit glorifié : ALLELUIA !

QUE L'EGLISE DU CHRISTIANISME CÉLESTE CROISSE EN FORCE ! AMEN !

SUPPLEMENT DE L'HISTORIQUE DE L'EGLISE DU CHRISTIANISME CÉLESTE RACONTÉ PAR LE PROPHETE PASTEUR FONDATEUR SAMUEL BILEOU JOSEPH OSCHOFFA A MAKOKO AU NIGERIA

75. Le Prophète Pasteur Fondateur fut convié à une réunion du Conseil d'Administration de l'Église du Christianisme Céleste, dirigé et supervisé par le Prophète Pasteur Fondateur et cosignataire de la présente CONSTITUTION BLEUE qui se tenait le 22 Mai 1976 au Siège International de l'Église du Christianisme Céleste, mission House, Ketu, État de Lagos, République Fédérale de Nigeria, à donner beaucoup plus de précisions détaillées sur la liturgie et les événements qui l'accompagnaient. Le Prophète Pasteur Fondateur, sans se faire prier, répondit de la manière suivante.

76. Peu de jours après mon retour à Porto-Novo, à la suite de mon séjour dans la forêt en passant par AGONGUE où, vous vous souvenez, KUDIHO fut ressuscité d'entre les morts par notre SEIGNEUR JESUS CHRIST à travers ma personne, il me parvint de ma sœur aînée (Élisabeth

GUTON Née OSCHOFFA) que son unique enfant et fils Emmanuel MAWUNYON GUTON (qui devint aussi plus tard, Évangéliste en Côte-d'Ivoire) était mort.
J'étais en soutane et envoyai dire qu'il n'était pas mort. A mon arrivée, je trouvai le cadavre et renvoyais tous les féticheurs et le reste du monde dehors.

Dès que je touchai le corps, JESUS CHRIST le ressuscita immédiatement d'entre les morts et il reçut en même temps par le SAINT ESPRIT le don de prophétie et devin le premier Visionnaire de L'Église du Christianisme Céleste.

ORDRE DE FONDER UNE NOUVELLE EGLISE

77. Dans la première semaine d'Octobre 1947 et au cinquième jour, après avoir reçu la Mission Divine le 29 SEPTEMBRE 1947, nous étions réunis tôt le matin quand soudain, le message suivant me parvint (j'entendais souvent des voix et je les entends encore) en disant que la Mission Divine qui m'était confiée était de fonder une nouvelle Église et que je devais la commencer dans ma maison. Le premier chant qui nous avait été révélé était donné en yoruba comme sui

Version française :

ENYIN ARA NU KRIST	D:S:S:M:L:S:-	MES BIEN AIMES EN CHRIST
E EGBE ORIN SOKE	D:M:S:-F:M:R:-:-	LEVEZ VOS TETES
K'E SI GBO OHUN TI	D:S:-M:L:S:-D:	POUR ECOUTER CE QUE
JEHOVAH NSO	M:S:-F:M:R:-:-	JEHOVAH NOUS DIT
ERE DI RE T'E FI WA	S:D:D:T:L:S:S:	POURQUOI DONC SOMMES-NOUS
NINU IJO MIMO YI	M:M:F:M:R:F:M:-:-	DANS LA SAINTE EGLISE
ERE DI RE T'E FI WA	S:D:D: T:L:S:S:	POURQUOI DONC SOMMES-NOUS
NINU EGBE NLA YI ?	M:M:F:M:R:F:M:-:-	DANS CETTE ASSEMBLEE
KI MARIA YIA WA	S:D:D: T:L:S:	QUE NOTRE MERE MARIE
LE E WA SIN WA RERE YI	M:S:F:M;R:F:M:-:-	VEUILLE NOUS TENIR COMPAGNIE
K'ENI MIMO RERE YI	S:D:-T:L:S:-M:S:	QUE CETTE SAINTE PERSONNE
WA MA SIN WA LO	F:M:R:R:D:-:-	NOUS TIENNE COMPAGNIE

Ensemble, nous chantâmes cette chanson ce matin-là.

78. Ce même jour, dans l'après-midi, pendant que j'étais seul dans l'une des chambres de la maison de mon Père, j'entendis une voix (j'entends encore régulièrement la même) me dire de prendre une courte latte. Je sortis et coupai un bout de branche du premier arbre que je trouvai. Étant charpentier, je le rabotais proprement et le gardai avec moi.
La voix me demanda de déposer la latte quelque part parce que lui, CHRIST, voulait faire un pacte avec moi et j'allais être lié comme par des fiançailles et un mariage avec CHRIST.
Je vis alors une main qui indiquait le signe de croix. Je reçus instruction d'utiliser la tige coupée d'une feuille (recueillie dehors) et de l'encre rouge pour faire le signe de croix en souvenir de CHRIST.
J'entendais dire : "CECI EST LE SYMBOLE DU D'ALLIANCE ENTRE TOI ET MOI".
Je plongeai trois fois mon doigt dans l'encre que nous utilisions et il me fut demandé de prier pour le plus merveilleux et le plus insondable pouvoir du SAINT ESPRIT. Je dormis tard cette nuit-là, à cause des visites des messagers célestes qui venaient me parler.

CANTIQUES CELESTES DE LOUANGE

79. MAWUNYON, l'unique enfant de ma sœur aînée fut dirigé par le SAINT ESPRIT, depuis la maison de son père, jusque chez moi, à près d'un kilomètre de distance.
Il arriva en chantant une chanson (dans une langue qui me paraissait inconnue mais qui plus tard, se révélait être la langue des anges) que nous semblions avoir oublié plus tard :

Version Langue des Anges	Solfège	Version Yoruba
YAH RIH GORIMAH	S :L :D :D :D:- YIN OLUWA	
YAH RIH GORIYEH	S :L :M :M :M:-	ENYIN OMO OGUN
NGO YEH	D: R: S :-:-:-	ASIKO
YAH RIH YAH	R:M:D:-:-:-	NA TI DE

Version Gun	Version Anglaise	Version Française
MI PA OKU NA	O PRAISE YE THE LORD	NOUS TE LOUONS SEIGNEUR
WON DI PA EMI	ALL YE HEAVENLY HOST	TOUS TES HOTES CELESTES
O JI RE LO	THE GREAT HOURE	LA GRANDE HEURE
KO SOSO	IS AT HAND	EST TOUTE PROCHE

Il chantait en s'agenouillant.

ORDRE CONCERNANT LA SAINTE CENE DANS LA NOUVELLE EGLISE

80. Ce fut aussi MAWUNYON qui, cette même nuit-là, nous révéla par le SAINT ESPRIT que nous n'utiliserons pas du vin alcoolisé pour la SAINTE CENE mais plutôt une mixture de :
a/ - ANANAS
b/ - ORANGES
c/ -LAIT DE COCO. Il reçut beaucoup de révélations spirituelles cette nuit-là.

ORDRE CONCERNANT LE CHANDELIER A SEPT BRANCHES

81. Ce fut MAWUNYON qui prophétisa par le SAINT ESPRIT que nous devions prier avec sept bougies (lors de la célébration du Culte).
Il prit un morceau de bois et dessina la forme du chandelier à sept branches.

En relation à cela et toujours rempli du SAINT ESPRIT, il entonna une chanson puissante que nous semblions oublier plus tard ; il la chanta en yoruba comme suit :
AWON AGBA TAN FITILA MEJE
WA GBADURA WA, etc.

VERSION FRANCAISE

QUE L'ANGE QUI ALLUME LES SEPT LAMPES
VIENNENT PRIER POUR NOUS etc…

ORDRE CONCERNANT LES PAJASPA (RECEPTACLES DE QUETES)

82. Ce fut MAWUNYON qui nous donna, sous l'inscription du SAINT ESPRIT, la description des objets de culte qui servent à collecter les quêtes hebdomadaires et dominicales appelées PAJASPA (dans la langue des anges.)
Ce sont des petits sacs (deux) cerclés de métal, avec une poignée et une alvéole pour une bougie qui serait allumée pendant la quête.

ORDRE POUR LES CANTIQUES D'ALLUMAGE DE BOUGIES D'ENCENSEMENT ET DE PROSTERNATION

83. Ce fut MAWUNYON qui nous indiqua comment au ciel, un pot d'encens était en train de se balancer et la chanson suivante accompagnait ce mouvement :

VERSION EN LANGUE DES ANGES	VERSION EN LANGUE YORUBA
YAH RAH SAH RAH	E TAN FITILA
YAH RAH SAH MAH TAH (bis)	MIMO LAT'ORUN WA (bis)

VERSION FRANCAISE
ALLUME LES LAMPES
SAINTE DU CIEL (bis)

NB : Ce Cantique doit être chanté dès que l'on commence à allumer la première bougie du chandelier, c'est à dire, dès que l'on entonne : YAH RAH SAH RAH. Ce Cantique ne se chante uniquement que pour l'allumage des bougies.

Il nous révéla dans la même nuit, le Cantique qui suivait ou qui devait suivre automatiquement le premier à savoir le Cantique de prosternation suivant :

VERSION EN LANGUE DES ANGES	VERSION EN LANGUE FRANCAISE
YAH RAH MAH	ALLONS
HI YAH RAH MAH	VERS LE SEIGNEUR
YAH RAH MAH	ALLONS
YAH RAH YAH RAH MAN	VERS LE SEIGNEUR

VERSION EN LANGUE YORUBA
WA KA LO
SODO OLUWA
WA KA LO
SODO OLUWA

Mais il dit qu'avant de chanter ce dernier Cantique, nous devrions fabriquer un tabernacle qui sera appelé MATTAH (en langue des anges).

Au fond de ce tabernacle devaient être conservé la croix et le bâton qui est le symbole de l'alliance entre le SEIGNEUR JESUS CHRIST et moi ; et celui-ci sera surmonté de bougies et servirait comme autel.

Après nous être déchaussés et vêtus de nos soutanes blanches, nous prenions les bougies du tabernacle, une par une (celles-ci devinrent alors des bougies utilisées là-haut dans le ciel) et après les avoir allumées en ordre, nous devrions chanter de tout notre cœur, le Cantique de prosternation ci- dessus et sonner la cloche (3 coups trois fois) puis commencer la prière du culte qui doit nous rapprocher de DIEU en oubliant tout ce qui est de ce monde, en nous mettant à genoux, prosternés (le front, le nez et légèrement le bout de la lèvre supérieure touchant le sol) à même le sol, en signe d'obéissance à DIEU le TOUT PUISSANT et d'empressement à communier avec lui. MAWUNYON ne retourna pas chez lui avant deux heures du matin, ce jour-là.

LE SEIGNEUR JESUS CHRIST M'A DONNE LUI-MEME, LA SAINTE COMMUNION

84. Peu après cette nuit, j'eus une extase du SAINT ESPRIT (j'étais pourtant éveillé) chose curieuse, mes yeux étaient fermés. Je me vis en train de monter des marches d'escalier dans l'espace, vers le ciel, jusqu'à ce que j'arrive au sommet ou je vis une table suspendue. Je me mis à genoux d'un côté, tandis que de l'autre, se tenait debout mon SEIGNEUR ET MAITRE, MON CREATEUR.

Il me donna la SAINTE COMMUNION et me fit boire la coupe dans sa main (la Sainte Cène).

Alors, tout d'un coup, je me rendis compte qu'au-dessus de la table, il n'y avait pas du tout d'espace limité tout en réalisant aussi qu'il était même en dessous de cette même table. Sur le point d'être pris de frayeur, il me poussait soudain des ailes qui me permirent de voler jusque sur la terre.

Le matin suivant, avant que je ne fisse part de cet heureux mystère, une femme me dit qu'en se rendant aux toilettes, dans la nuit, elle me vit avec des ailes, mes yeux et mon corps rayonnaient d'une lumière ardente. Prise de panique, elle courut se cacher dans sa chambre en se couvrant avec frayeur tout en se demandant si je n'étais déjà pas mort.

Je lui répondis en lui confirmant ce qu'elle avait vu physiquement mais la différence était que je suis encore en vie. Trois mois après, cette femme mourut.

ORDRE CONCERNANT LA SONNERIE DE LA CLOCHE, PENDANT LES DEBUTS DE CULTES

85. Cela se produisit sept ans après la naissance de l'Église, toujours par mon intermédiaire. Vous vous souvenez, cher Suprême Évangéliste BADA, que lorsque je faisais part de cette révélation spirituelle, je tenais à la main, une BIBLE comme témoin.

Rempli du SAINT ESPRIT je vis une maison sans murs ni toiture. Il y avait des gens à l'étage supérieur et nous étions à l'étage inférieur.

Les deux étages n'étaient pas solides mais ils étaient suspendus dans l'espace. Cependant, lorsque la cloche sonnait trois fois, ceux qui étaient à l'étage supérieur et nous qui étions à l'étage inférieur, nous nous mîmes à genoux, prosternés la face contre le sol en disant en yoruba : "MIMO ! MIMO ! MIMO SI OLUWA OLORUN AWON OMO OGUN"

VERSION ANGLAISE
"HOLY ! HOLY ! HOLY ! TO THE LORD GOD OF HOSTS"

VERSION FRANCAISE
"SAINT ! SAINT ! SAINT ! EST L'ETERNEL DIEU DES ARMEES"

La cloche sonnait trois fois et nous répondions aussi trois fois. C'est ainsi qu'après cet événement, la cloche fait partie des éléments de tous nos cultes.

ORDRE CONCERNANT LES LOUANGES AUX QUATRES POINTS CARDINAUX (7 FOIS ALLELUIA AUX 4 POINTS CARDINAUX)

86. Ceci fut révélé par l'intermédiaire de Joseph AWANGONU, BABA Martha. Il exposa sa révélation spirituelle en disant qu'il avait vu une Église sans murs ni toit mais curieusement, il y avait quatre entrées dans les quatre points cardinaux et pendant qu'une cloche sonnait, il vit des gens de toutes les races de la terre, accourir vers l'Église, vers l'Église, aux quatre points cardinaux de la terre. En courant, ils chantaient (en yoruba) le Cantique suivant :

E YIN JESUS, E YIN JESUS
FUN'JO KEHIN TO SOKALE
E YIN JESUS, E YIN JESUS
FUN'JO KEHIN TO SOKALE
E YIN JESUS, E YIN JESUS
FUN'JO KEHIN TO SOKALE
E YIN JESUS, E YIN JESUS
FUN'JO KEHIN TO SOKALE

Plus la multitude de gens accourait vers l'Église, plus il y avait de la place pour les accueillir dans l'Église

CANTIQUE DE SUPPLICATION POUR LA MANIFESTATION DE LA PUISSANCE ET DE LA GLOIRE DIVINE

87. Le cantique suivant me fut révélé pendant que je voyageais à bord d'une pirogue, en pleine mer, entre IGBESU et le village où je revenais prier et où, par la puissance du CHRIST et sa grâce, je détruisis l'arbre qui était le foyer de la sorcellerie, en invoquant DIEU de détruire cela pour toujours. DIEU m'exhaussa et l'arbre fut détruit par le feu pendant sept jours et sept nuits.

Au moment où ma pirogue était sur le point d'accoster, j'entendis un Cantique que je semblais chanter avec d'autres, (inconnus et invisibles) comme suit (en yoruba) :

VERSION YORUBA	VERSION FRANCAISE
BABA A A	O PERE
NI WAKATI YI	EN CE MOMENT PRECIS
GBE ISE OWO O RE E GA A A	REHAUSSE LES OEUVRES DE TES MAINS
KI GBOGBO AIYE LE MO	POUR QUE LE MONDE SACHE QUE CELA
	VIENT DE TOI
NI RE LO RAN MI NISE	EN VAIN! LE MONDE SE LIGUE CONTRE NOUS
LASAN A A L'AIYE E NGBE OGUN	LE TEMPS EST ARRIVE OU LE MONDE
WAKATI NA DE T'AIYE O WA RIRI	TREMBLERA SOUS LA SAINTE PUISSANCE
L'ABE AGBARA MIMO JESUS.	DE JÉSUS

C'est un Cantique puissant, il ne doit jamais être chanté avec légèreté.

ORDRE CONCERNANT LE CULTE DU PREMIER JEUDI DU MOIS

88. Quant au culte du premier Jeudi du mois, culte en souvenir de la prière que notre SEIGNEUR JESUS CHRIST avait fait au jardin de GETHSEMANE, peu avant sa mort, il nous fut révélé par MAWUNYON, ainsi que le Cantique qui va suivre.

Ce cantique, le SEIGNEUR JESUS CHRIST, le chantait prosterné, la face contre terre, à GETHSEMANE, lorsqu'il demandait à ses Disciples de veiller et de prier avec lui ; dans ce Cantique, il cherchait à les attirer dans sa prière d'adoration du SEIGNEUR DIEU, ne sachant pas qu'ils s'étaient endormis :

VERSION EN LANGUE DES ANGES	VERSION FRANCAISE
YAH GOL LAH MARIH YAH NGA RIH YEH YAH GOL LAH MARIH YEH	PROSTERNEZ VOUS DEVANT LE SEIGNEUR ROI JE ME PROSTERNE DEVANT LUI

VERSION YORUBA	VERSION ANGLAISE
E FORIBALE FUN OBA OLUWA MO FORIBALE FUN	BOW YE BEFORE THE LORD GOD I BOW MYSELF BEFORE HIM

C'était le SEIGNEUR JESUS CHRIST qui parlait et ce fut l'unique Cantique qu'il chanta cette nuit là. Comme il chantait et priait intensément, il se mit à suer (transpirer) si abondamment que les gouttes de sueur se mirent à ruisseler le long de son corps, comme du sang et une voix répondit à notre SEIGNEUR JESUS CHRIST à cette occasion, ainsi : " JE T'AI GLORIFIE SUR LA TERRE ET DANS LE CIEL ".

Nous chantons ce cantique dans l'Église du Christianisme Céleste, pendant le PREMIER JEUDI DE CHAQUE MOIS, en souvenir de cet événement et aussi à PAQUES, au culte de la SAINTE CENE, le JEUDI SAINT et le VENDREDI SAINT. Un autre Cantique chanté pour la même circonstance lui fut révélé quelque temps après, c'est le suivant :

VERSION EN LANGUE DES ANGES	VERSION FRANCAISE
HI RAH JAH MAH JAH RIH BAH HI RAH JAH MAH	O ! SAINT ESPRIT COLOMBE DU CIEL DESCEND EN NOUS

VERSION YORUBA

EMI MIMO
ADABA ORUN
E SOKALE WA

REFLEXION HISTORIQUE

89. Il est intéressant de noter ce qui suit : bien que mon Père croie fermement que ma naissance était une réponse de DIEU à ses prières, aucun d'entre nous (y compris mon père) n'avait le moindre soupçon que la nature du service de DIEU auquel j'allais être appelé, serait d'une aussi grande importance.

Rétrospectivement, les prédictions et les vœux de mon Père semblaient confirmer cet important avenir.

Au regard de tous ces signes, lorsque mon Père fut sur son lit de mort, il m'appela et pria ainsi (en yoruba) sur moi :

VERSION YORUBA   VERSION FRANCAISE

WA JOKO NINU OWO,   TU SERAS ETABLI EN ARGENT
WA JOKO NINU OMO,   TU SERAS ETABLI EN ENFANTS
ENIA NI YIO MA SIN O   LES HOMMES SERONT À TON SERVICE.

VERSION ANGLAISE

YOU WILL BE ESTABLISHED IN MONEY
YOU WILL BE ESTABLISHED IN CHILDREN
MEN WILL SERVE YOU.

Ceci se révéla plus tard pour moi, non pas comme une simple prière mais comme une prophétie, parce que, particulièrement, à cette époque, je n'avais pas encore de progéniture.

RECONNAISSANCE OFFICIELLE OU LÉGALISATION DE L'EGLISE

90. L'Église a été dûment enregistrée sous l'ordonnance des domaines (succession Perpétuelle), chapitre 107, le 24 NOVEMBRE 1958. Le CERTIFICAT d'ENREGISTREMENT qui porte le numéro 489, a été signé par le Gouverneur Général de la fédération, en la personne SIR ROBERTSON, à l'époque.

UNE LÉGALISATION MIRACULEUSE

Il est important de relater les circonstances dans lesquelles la demande d'enregistrement sous l'ordonnance qui convenait avait été transmise au Gouverneur de 1958 et son enregistrement officiel pendant la période coloniale.
En principe, le Gouverneur n'était pas disposé à agréer notre demande, probablement parce qu'une Église spirituelle d'origine africaine, n'avait été reconnue officiellement jusque-là.
Les Églises du Nigeria qui avaient été reconnue officiellement à l'époque, étaient celles qui avaient leurs origines en Europe ou en Amérique.
Lorsque l'on rapporta au Prophète Pasteur Fondateur, l'attitude réticente des autorités, il fit remarquer qu'il n'y avait aucune raison de s'inquiéter parce que celui à qui appartient l'Église (c'est à dire notre SEIGNEUR JESUS CHRIST) allait lui-même se révéler au fonctionnaire concerné.
Quelques jours plus tard, le Prophète Pasteur Fondateur demanda à feu OWOAJE (guide) d'aller voir ou en était la demande d'officialisation.
Lorsqu'il se présenta, il eut l'agréable surprise de constater que le certificat d'enregistrement (Arrêté Ministériel ayant la valeur d'un décret, vu le rôle et les prérogatives d'un Gouverneur Colonial) signé et cacheté l'attendait depuis quelques jours.
Il fut aussi informé que le Gouverneur Général d'alors, SIR JAMES ROBERTSON, avait relaté un songe dans lequel un homme blanc de grande taille avec de longs cheveux séparés par une raie centrale, lui ordonnait de signer le certificat d'enregistrement (légalisation) de l'Église du Christianisme Céleste parce que cette Église était la sienne le matin suivant, il signa le certificat. C'était le miracle de cette légalisation

L'EGLISE SOUS LE REGNE ABSOLU DU SAINT ESPRIT

91. Il est souligné ici et même noté que :
a)-LE NOM DE L'EGLISE
b)-LA DOCTRINE ET LES FORMES DU CULTE
c)-LES CANTIQUES CHANTÉS PENDANT LES DIFFERENTS CULTES
sont révélés par le SAINT ESPRIT qui atteste les promesses de notre SEIGNEUR JESUS CHRIST (voir jean 26 : 14 - 25) ainsi que tout ce dont je vous ai parlé.

NOM DE L'EGLISE

92. Le nom de "l'EGLISE DU CHRISTANISME CELESTE", signifiant en anglais " CELESTIAL CHURCH OF CHRIST " a été révélé par le SAINT ESPRIT comme il a été établi dans la clause 3, à la page 2.

DOCTRINE ET FORME DU CULTE

93. Il est révélé par le SAINT ESPRIT, les interdits suivants :
1 - Il est formellement interdit aux membres de l'Église du Christianisme Céleste d'entreprendre ou de pratiquer toutes formes d'idolâtrie, de fétiches, magies, sorcelleries, charmes et autres.
2 - Il est formellement interdit aux membres de l'Église du Christianisme Céleste de fumer ou de priser la cigarette ou le tabac ou toutes d'herbe à fumer ou à priser.
3 - Il est formellement interdit aux membres de l'Église du Christianisme Céleste, la consommation de toute forme d'alcool, de vin ou toute boisson forte qui peut intoxiquer car l'odeur de toutes ces choses sont répugnantes à la présence du SAINT ESPRIT.
4 - Il est formellement interdit aux membres de l'Église du Christianisme Céleste, la consommation de porc ou de toute nourriture offerte en sacrifice aux idoles ou aux autres puissances des ténèbres.
5 - Il est formellement interdit aux membres de l'Église du Christianisme Céleste, de porter des habits rouges ou noirs, sauf pour des raisons professionnelles.
6 - Les Chrétiens Célestes ne doivent pas porter des chaussures lorsqu'ils sont en soutane, dans la paroisse ou dans ses environs immédiats.
7 - Il est interdit aux membres Célestes de sexe féminin et masculin, de s'asseoir côte à côte (sur un même banc ou d'un même coté) dans l'Église ou ses environs immédiats.
8 - Il est interdit aux membres Chrétiens Célestes de sexe féminin en période menstruelle, d'entrer dans l'enceinte des paroisses.
Elles n'y seront admises qu'après sept jours clôturés par un bain de sanctification le huitième jour, par le Chargé Paroissial, devant la Paroisse. Lorsque la menstruation s'étend au-delà de sept jours, deux jours bien comptés doivent être accordés après l'arrêt, avant la sanctification.
9 - Il est formellement interdit aux membres Célestes de sexe féminin, d'entrer dans l'aire de l'autel ou de conduire l'assemblée en prière.
10 - Dans l'Église du Christianisme Céleste, l'on utilisera uniquement des bougies blanches. Les bougies d'autres couleurs sont strictement interdites.
11- La fornication et l'adultère sont strictement interdits dans l'Église du Christianisme Céleste.
12 - SAINTE est L'EGLISE DU CHRISTIANISME CELESTE et tous ceux qui prient en son sein devront s'efforcer d'être propres (SAINTS) de corps et d'esprit.

FORMES DU CULTE

94. Toutes les formes d'adoration dans l'ÉGLISE du CHRISTIANISME CELESTE sont entièrement établies comme elles ont été révélées par le SAINT ESPRIT; ceci comprend la disposition de l'autel et des sièges à l'intérieur y compris leur nombre.
 (EZECHIEL 43 :10-12)
Il est important de souligner ici que cette disposition eut lieu par l'intermédiaire d'une visionnaire qui, inspirée du SAINT ESPRIT, en fit la démonstration avec des oranges et cela se passa le VENDREDI 5 OCTOBRE 1947 DANS LA BROUSSE.

ORDRE DU CULTE

95. Il y a un ordre de culte établi dans l'ÉGLISE du CHRISTIANISME CELESTE pour les différentes occasions comme le mariage, les funérailles, la messe de requiem etc
CET ordre du culte, comme l'a révélé le SAINT ESPRIT, est strictement disponible au Siège Suprême de PORTO NOVO, au Siège National et Diocésain du NIGERIA à MAKOKO Lagos, et bien sur dans de nombreuses paroisses à travers le pays.

96. L'ordre du Culte, tel qu'il fut révélé, contient certains noms Saints qui précèdent habituellement la lecture des livres des psaumes ; la signification de quelques-uns de ces Saints noms est donnée comme suit :

EH YIBAH	OLUWA ALANU
ELI YAH	OLUWA OLORUN
ELI BAMAH YABAH	OLUWA OMO EMI MICHAEL
AGASHADUAL	OBA OLUSEGUN
JEHOVAH JECHO HIRAMI	OBA OLUBUKUN

ANNONCES ET PREDICATIONS

97. Les annonces pendant le culte, devront être faites par le Secrétaire Paroissial qui devra porter à la connaissance de l'assemblée, des sujets intéressant l'Église, la Paroisse et ses programmes en cours et à venir, en conformité avec la doctrine de l'Église et d'autres sujets d'annonce comme peuvent l'ordonner de temps en temps le Pasteur ou le Siège Diocésain.

98. La prédication, pendant le culte, sera faite par tout ancien (Devancier) de la paroisse désigné pour ce faire par le chargé paroissial (Représentant du pasteur dans la paroisse).
A cet effet, l'ancien de la paroisse (au garde de leader) devra observer strictement les directives suivantes :

  a- La prédication doit être inspirée du ou des textes de la Bible, désigné(s) ou programmé(s) ce jour-là.
Le strict respect du texte Biblique doit toujours constituer un principe absolu.

  b- Il est formellement interdit toute référence aux publications de presse, à des articles de nature politique ou des articles en relation avec la politique gouvernementale ou des articles qui peuvent être interprétés comme hostiles ou désobligeants envers d'autres organisations, assemblées ou congrégations religieuses.

SAINTS RITES OU SACREMENTS

99. Il existe un nombre de Saints Rites ou de sacrements dans la forme d'adoration de l'ÉGLISE du CHRISTIANISME CÉLESTE et qui sont d'une importance primordiale. Les Membres CÉLESTES doivent eux-mêmes saisir l'occasion de prendre part à ces Rites et Sacrements.

A- LE BAPTEME

Il se fait par immersion. Avant d'être accepté comme membre de l'Église du Christianisme Céleste, on doit être baptisé rebaptisé dans la croyance de l'Église du Christianisme Céleste au nom du SEIGNEUR JESUS CHRIST. cf: Actes 19:1-6.

B- LA SAINTE COMMUNION

L'important rite de la Sainte Cène (Sainte Communion) est généralement effectué tous les trois mois, aussi bien chaque Jeudi Saint que le jour de Noël sur la plage de Porto Novo.
Il peut aussi être célébré à des occasions spéciales comme le Mariage, les funérailles, la messe en souvenir des âmes défuntes etc ...

C- LAVEMENT ANNUEL DES PIEDS

Il est effectué le jeudi de la semaine (Semaine de la passion). C'est une commémoration de l'événement pendant lequel le SEIGNEUR JESUS CHRIST lava les pieds de ses disciples au cours du dernier souper (la Sainte Cène).
A cet effet, il est établi que les Représentants de chaque paroisse doivent se rassembler au Siège Diocésain, MAKOKO, le Samedi précédant le Dimanche des Rameaux.
Après un culte de courte durée, les Représentants Paroissiaux retournent dans leur paroisse respective le Dimanche (c'est à dire le Dimanche des Rameaux) et accompliront le lavement des pieds pour les membres de leurs paroisses respectives le Jeudi suivant (Jeudi Saint).cf: Jean 13:5-9.

D- CONVOCATION ANNUELLE À PORTO NOVO VEILLE DE NOEL

Il est ordonné par le SAINT ESPRIT que tous les membres de l'Église du Christianisme Céleste, où qu'ils se trouvent, seront convoqués pour Noël, au bord de la mer à Porto Novo, République du Bénin. Ceci est en mémoire de la naissance de notre SEIGNEUR JESUS CHRIST, pendant le recensement décrété par l'Empereur César Auguste. cf.: Luc 2 : 1.

E- ASSEMBLEE ANNUELLE DE PÂQUES A MAKOKO

C'est une assemblée de tous les membres de l'Église du Christianisme Céleste, au Siège Diocèse du Nigeria, à MAKOKO à partir du matin ou l'après-midi du Vendredi Saint, jusqu'au Dimanche de

PÂQUES. (Dans les autres Diocèses, cette assemblée se fait aux Sièges de chaque Diocèse au Parvis)

Trois cultes seront célébrés dans l'Église du Christianisme Céleste le vendredi Saint pour la célébration de l'anniversaire de l'arrestation, le procès, la condamnation, la crucifixion et l'enterrement de notre SEIGNEUR JESUS CHRIST. Ils auront lieu à 9heures du matin, 12H et 3H de l'après-midi en heure locale.

Les Représentants de chaque Paroisse du Diocèse doivent assister au culte de 3H de l'après-midi à MAKOKO et par la suite, prendre part au festin de fruits et d'eau vers 5H30' de l'après-midi.

Les célébrations de ce jour seront considérées comme terminées après cela, à 6H de l'après-midi environ.

Le jour suivant, Samedi, dans la soirée, il y aura une procession vers le cimetière, pour un culte sur place à minuit.

Enfin, le Dimanche matin, Dimanche de PAQUES, il y aura un grand culte de joie et de victoire dans la paroisse.

F- CULTE D'ACTION DE GRACE POUR LA FETE DES MOISSONS

Il est aussi établi que chaque paroisse de l'Église du Christianisme Céleste devra observer chaque année la Moisson, en célébrant un culte d'action de grâce, suivi des ventes de charité et de moissons. On la célébrera en deux parties.

L'une d'elle dénommée FETE DES MOISSONS JUVENILLES sera célébrée par toutes les paroisses, le premier Dimanche de Juin de chaque année ; quant à l'autre dénommée FETE DES MOISSONS DES ADULTES ou GRANDE FETE DESMOISSONS, elle sera célébrée à une date fixée par le Comité Paroissial et agréée par le Siège Diocésain.

En plus, les paroisses informeront et s'accorderont avec le Siège Diocésain à Lagos, sur leurs dates respectives ; étant toujours entendu qu'aucune Paroisse ne célébrera son culte d'action de grâce pour leur Fête des Moissons, le premier Dimanche d'Octobre qui est la date fixée pour la Fête des moissons au Siège Suprême de Porto Novo ou le premier Dimanche d'Août qui est le jour pour la célébration de la Fête des Moissons du Siège Diocésain, Makoko à Lagos.

G- JOUR DE SAINTE MARIE

C'est en commémoration de l'apparition de la Sainte Marie au Pasteur Prophète Fondateur le 15ième jour de Juillet 1977.

La signification de Sainte Marie dans la foi de l'Église du Christianisme Céleste remonte au premier jour de l'Église car le tout premier cantique spirituel qui fut donné à l'Église à travers l'une des premières visionnaires (Wolisata) fut le cantique suivant (cantique N°762 du livre des cantiques de l'Église du Christianisme Céleste ; page 33).

Version française :

ENYIN ARA NU KRIST	D:S:S:M:L:S:-	MES BIEN AIMES EN CHRIST
E EGBE ORIN SOKE	D:M:S:-F:M:R:-:-	LEVEZ VOS TETES
K'E SI GBO OHUN TI	D:S:-M:L:S:-D:	POUR ECOUTER CE QUE
JEHOVAH NSO	M:S:-F:M:R:-:-	JEHOVAH NOUS DIT
ERE DI RE T'E FI WA	S:D:D:T:L:S:S:	POURQUOI DONC
SOMMES-NOUS		

NINU IJO MIMO YI	M:M:F:M:R:F:M:-:-	DANS LA SAINTE EGLISE
ERE DI RE T'E FI WA	S:D:D: T:L:S:S:	POURQUOI DONC SOMMES-NOUS
NINU EGBE NLA YI ?	M:M:F:M:R:F:M:-:-	DANS CETTE ASSEMBLEE

KI MARIA YIA WA	S:D:D: T:L:S:	QUE NOTRE MERE MARIE
LE E WA SIN WA RERE YI	M:S:F:M;R:F:M:-:-	VEUILLE NOUS TENIR COMPAGNIE
K'ENI MIMO RERE YI	S:D:-T:L:S:-M:S:	QUE CETTE SAINTE PERSONNE
WA MA SIN WA LO	F:M:R:R:D:-:-	NOUS TIENNE COMPAGNIE

De façon significative, trente ans plus tard, le 15ième jour de Juillet 1977 ; le Prophète Pasteur Fondateur, rempli du Saint Esprit, se vit en train de monter un nombre de marches jusqu'à atteindre une surface pleine de feuilles mortes où il vit une belle dame blanche, vêtue de la tête aux pieds, d'un habit bleu et se tenant comme si elle lui cachait quelque chose.

Alors le Prophète Pasteur Fondateur se trouva en train de descendre les marches, jusqu'à voir une Église d'où un Révérend Père sortit et se prosterna plusieurs fois pour lui rendre hommage.

Puis, le Prophète Pasteur Fondateur se retrouva en train de remonter jusqu'à l'endroit où il avait vu la belle dame qui cette fois-là, lui fit voir ce qu'elle cachait auparavant, à s'avoir un bébé avec une couronne sur sa tête et elle dit en montrant le bébé :

YORUBA	ANGLAIS
JESU YI	THIS IS JESUS CHRIT
EMI MIMO NI	HE IS HOLY IN SPIRIT
OKAN MIMO NI	HE IS HOLY IN MIND
OBA IYE NI	HE IS LIFE EVERLASTING
ENI BA FE SIN GBODO TONA	TO TELL PEOPLE THAT THOSE
MO REKETE.	WHO WOULD WORSHIP HIM MUST TREAD THE PATH OF SPIRITUAL CLEANLINESS.

VERSION FRANCAISE

VOICI JESUS CHRIST
IL EST SAINT EN ESPRIT
IL EST SAINT EN AME
IL EST LA VIE ETERNELLE
DIS AUX GENS QUE CEUX QUI VOUDRONT L'ADORER
DOIVENT MARCHER SUR LE CHEMIN DE LA PURETE SPIRITUELLE.

A ce moment, le Prophète Pasteur Fondateur réalisa que la belle dame était SAINTE MARIE. Elle répéta l'injonction en chantant les paroles qu'elle avait déjà exprimées ci-dessus.

SOLFEGE

D:-S:-:-:-D:M:M:M:R:-:-:-
R:D:M:M:R:-:-:-
R:R:D:D:R:-:-:-
M:S:S:S:R:M:D:D:S:R:R:D:D:D:-:-:-

VERSION CHANTEE EN FRANCAIS

JESUS EST UN DIEU TRES SAINT
IL EST NOTRE ROI
C'EST LE ROI DE VIE
CELUI QUI VEUT L'ADORER DOIT LE FAIRE DANS LA SAINTETE.

Poursuivant ses propos, elle dit au Prophète Pasteur Fondateur qu'il ne devait pas être complexé ou intimidé par la couleur de sa peau, parce que la race n'avait aucune signification en matière de spiritualité. Et elle ajouta ce qui suit:

VERSION YORUBA

OKAN MIMO RE LA NWO TI A FI NGBE INU RE

VERSION ANGLAISE

IT IS BECAUSE OF YOU CLEAN MIND THAT WE DWELL IN YOU.

VERSION FRANÇAISE

C'EST GRACE A TON AME PURE QUE NOUS NOUS APPUYONS SUR TOI.

Un an plus tard, après avoir relaté ces événements, le Prophète Pasteur Fondateur tomba malade et reçut par révélation spirituelle les injonctions selon lesquelles, une connaissance formelle sur SAINTE MARIE devait être accordée à l'Église du Christianisme Céleste, à travers la célébration, chaque année, du souvenir de cet événement.

Suite à cela, le Prophète Pasteur Fondateur décréta le premier vendredi du mois de juillet de chaque année, jour de SAINTE MARIE. Il sera célébré par un grand culte dans toutes les paroisses de l'Église du Christianisme Céleste dans le monde entier.

H- DES PUBLICATIONS ET ŒUVRES ECRITES DE L'EGLISE

100. Le Conseil Pastoral est responsable de toute forme de publications de l'Église du Christianisme Céleste. Ces publications concernent l'Évangile quotidien, les almanachs, les livres de cantiques, les calendriers, les Périodiques de l'Église et toute autre publication ayant trait à une activité quelconque de l'Église du Christianisme Céleste dans le monde entier.

ADHESION

101. Toutes les personnes qui désirent sincèrement en âme et conscience, être sauvées en acceptant JESUS CHRIST comme le FILS UNIQUE de DIEU et seul SEIGNEUR et SAUVEUR de l'HUMANITÉ et qui souhaiteraient l'adorer et le servir dans l'Église du Christianisme Céleste, en démontrant leur sens de conversion tout en adoptant les devoirs et les privilèges que comporte la communauté, sont les bienvenues en son sein.

102. Personne ne sera considéré comme Chrétien Céleste s'il n'a pas encore reçu le baptême, au nom de notre SEIGNEUR JESUS CHRIST, dans l'Église du Christianisme Céleste.
L'Église du Christianisme Céleste ne tient pas compte d'autres baptêmes reçus dans d'autres congrégations religieuses.

103. Un croyant désirant devenir membre de l'Église du Christianisme Céleste devra:
1- Renoncer d'appartenir à toutes sociétés secrètes ou fraternité etc... .
2- Renoncer à l'adoration de toutes formes d'idoles, de fétiches ou de sorcellerie.
3- Refuser d'adorer satan et toutes ses œuvres et de suivre les féticheurs et de s'engager dans la magie en prenant part aux puissances des ténèbres.
4- Renoncer à tous les titres, toutes les positions ou associations qui sont directement ou indirectement en contradiction avec les injonctions ci-dessus (par exemple tout type de chefferie).
5- Déclarer qu'il sera Chrétien Céleste jusqu'à sa mort et qu'à sa mort, il devra être inhumé conformément à la doctrine et aux rites de l'Église du Christianisme Céleste.
6- Signer une déclaration d'adhésion renfermant tout ce qui est écrit ci-dessus. Tous les principes énoncés ci-dessus sont basés sur les Saintes Écritures de la BIBLE, Exode : 20: 3 " Tu n'auras pas d'autre dieu devant ma face".

104. Les Chrétiens Célestes sont libres d'utiliser à l'Église comme à l'extérieur de celle-ci, des titres et/ou des appellations en relation avec leur rang dans l'Église.
En outre, les Chrétien Célestes peuvent se servir, en dehors de l'Église, des titres et/ou les appellations en relation avec leur dénomination professionnelles (par exemple : Ingénieur.., Archevêque…, Docteur…, Brigadier…, Capitaine…, Commandant etc…) et leur genre (par exemple Madame…, Mademoiselle etc…).

105. Les nouveaux adhérents devront normalement, avant leur admission comme fidèles de l'Église, être soumis à la sanctification par un bain avec un seau d'eau et une bougie, afin d'éviter l'impureté dans l'Église. La prière de sanctification sera faite par le Chargé Paroissial (Représentant du Pasteur dans la Paroisse) ou par un devancier qu'il aura désigné.

DE LA SOLENNITÉ DES CULTES

106. Pendant les différents cultes, la plus grande solennité et attention doivent être observés scrupuleusement par les participants. Toute attitude tendant à troubler cette solennité par exemple le bavardage en aparté ou se passer des objets ou de l'argent, doit être bannis.

DES STRUCTURES DE L'ÉGLISE

107. L'Église du Christianisme Céleste est une et indivisible. Dans le cadre de son organisation structurelle, les termes suivants, partout où ils seront utilisés et chaque fois qu'ils se rencontreront dans cette Constitution seront considérés comme ayant la signification qui leur est assignée ci-après.

A- LE SIÈGE INTERNATIONAL : L'Église du Christianisme Céleste est Mondiale.

Tandis que le Siège Suprême se trouve à Porto-Novo, République du Bénin, qui est aussi son lieu de naissance. Le Siège International de l'Église du Christianisme Céleste Mondiale se trouve à Mission House, Ketu, État ou Province de Lagos, Nigeria.

B- DU DIOCÈSE :

Un Diocèse se réfère à toute l'Église à l'intérieur du pays, avec son Siège National ou Diocésain situé 12-15 Church Street, Makoko, Yaba, État de Lagos.
Il comprend aussi pour le moment, les Paroisses se trouvant à l'extérieur du Nigeria (par exemple celles des États Unis d'Amérique, du Royaume Uni, d'Europe Occidentale etc...) qui sont administrée à partir du Nigeria.

A- DU DISTRICT :

Un District se réfère à un regroupement d'un nombre limité de Paroisses, au sein du Diocèse, administré par des Représentants du Pasteur au rang d'Assistant Évangéliste et au-dessus.
Les Assistants Évangélistes (ou de rang supérieur) devront normalement être basés sur une paroisse d'où ils administreront à ces groupes paroissiaux, sous leur autorité, les rites et sacrements qui peuvent être administrés uniquement par ceux qui sont Assistants Évangélistes ou de rang supérieur.

D- DE LA PAROISSE :

C'est une congrégation (Assemblée) individuelle à l'intérieur du Diocèse.
Par exemple nous avons:
LA PAROISSE DE BADAGRY
LA PAROISSE DE YEMETU
LA PAROISSE D'OKE-ADO
LA PAROISSE D'HARTON STREET, etc...

LE PASTEUR

108. Le Pasteur est l'ultime Chef Spirituel de l'Église du Christianisme Céleste dans le monde entier, pour toutes matières concernant la vie de l'Église, que ce soit la planification, l'organisation, les règles doctrinales et la promotion de l'éducation, la législation et la discipline ; nonobstant les dispositions de cette Constitution.

109. L'Église du Christianisme Céleste Mondiale aura un seul Chef qui sera appelé ''LE PASTEUR''. Cf. : (JEAN 10 :14-16).

110. Dans l'histoire de l'Église du Christianisme Céleste, il ne peut y avoir qu'un seul Prophète Pasteur Fondateur. L'usage de ce titre est exclusivement réservé au seul et unique Fondateur de l'Église, le Prophète Pasteur Révérend Samuel Biléwu Joseph OSCHOFFA.
Tout autre Chef de l'Église, dans l'avenir, sera appelé : ''PASTEUR''.

SUCCESSION AU POSTE DE PASTEUR

111. Attendu que le Prophète Pasteur Fondateur de l'Église du Christianisme Céleste a proclamé publiquement que par inspiration divine, il lui a été révélé ce qui concerne le mode de désignation ou de sélection d'un successeur au poste de Pasteur et Chef Spirituel Mondial de l'Église du Christianisme Céleste; il est fermement établi que :

Le Successeur au poste de Pasteur et Chef Spirituel Mondial de l'Église du Christianisme Céleste peut être de n'importe quel rang dans la hiérarchie de l'Église et devra, au moment choisi par Dieu pour le révéler à celui qui occupera alors le poste de Pasteur, être nommé et proclamé comme successeur.

En accédant après la transition de son prédécesseur, à ce poste, le nouveau Pasteur devra occuper le fauteuil du Pasteur se trouvant à l'Autel.

ADMINISTRATION DE L'ÉGLISE ET FONCTIONAIRES DE L'ÉGLISE

112. Il y aura un Représentant du Pasteur dans chaque Paroisse ; par exemple un Alagba, un Leader ou un devancier d'un autre grade qui accomplira tous les devoirs et charges de direction spirituelle, au sein d'une Paroisse donnée, sous les dispositions de cette Constitution.

113. Les Représentants du Pasteur, ou Chargés Paroissiaux, auront tous les privilèges de faire un rapport direct en toute matière, au Pasteur.

114. En l'absence du Pasteur, un Représentant du Pasteur peut cependant, faire un rapport au Chef de Diocèse qui, lui, à son tour, transmettra ledit rapport au Pasteur, au moment opportun.

DE LA DÉSIGNATION DES REPRÉSENTANTS DU PASTEUR (HEBREUX 5 :1-6)

115. La désignation du Représentant du Pasteur, dans une paroisse, sera faite par le Pasteur en consultation avec le Chef de Diocèse. A titre exceptionnel, le Pasteur peut directement procéder à la désignation de son Représentant dans une Paroisse et en informer le Chef de Diocèse après.

116. Le Représentant du Pasteur, dans une Paroisse, une fois désigné conformément aux dispositions de cette Constitution, prêtera serment en présence du Pasteur et des devanciers présents pour la circonstance. Le libellé de ce serment est le suivant :

De suivre et de servir uniquement notre Seigneur et Sauveur Jésus Christ seul.

D'engagement total de communiquer la doctrine et les enseignements de notre Seigneur et Sauveur Jésus Christ, basés sur la Bible.

D'observer strictement les règles et la Doctrine de l'Église.

D'accomplir ses devoirs, étant libre de toute charge que ce soit (MATTHIEU 10 :8).

117. Il recevra du Pasteur une lettre de créance, l'accréditant à son nouveau poste d'affectation, comme preuve de sa nomination.

118. Chaque fois que le Représentant du Pasteur changera de Paroisse ou de circonscription, il rendra sa précédente lettre de créance au Pasteur, afin d'en recevoir une nouvelle, de lui, qui l'accrédite dans la nouvelle Paroisse ou la nouvelle circonscription.

119. Toute personne qui s'établira unilatéralement comme Représentant du Pasteur ou Chargé Paroissial, et qui dirigera une Paroisse sans avoir obtenu une lettre de créance, du Pasteur, l'accréditant comme Responsable de Paroisse, n'a aucune autorité sur celle-ci et il se rendra lui-même sujet à une sanction disciplinaire appropriée en conséquence.

120. Les procédures de désignation d'un Représentant du Pasteur, à quelque degré que ce soit ou à n'importe quel niveau hiérarchique et les amendements à ces procédures, autant que ce sera nécessaire de temps en temps, seront l'objet d'une déclaration de l'Église qui en en référera à un ordre Pastoral.

DU COMITÉ PAROISSIAL

121. Le Comité Paroissial constitue le Gouvernement Local (ou la municipalité) de la Paroisse et le pouvoir de délibérer pour la bonne marche de la Paroisse. Il est sous la tutelle du Comité Directeur National (CDN) qui, lui, est à son tour subordonné au Comité Suprême avec Siège à Porto-Novo, République du Bénin.

122. Le Comité Paroissial aura le pouvoir d'appliquer des mesures disciplinaires dans les cas mineurs affectant sa Paroisse.

Le Comité Paroissial n'aura pas le pouvoir de suspendre ou d'exclure un membre de l'Église ou de sa Paroisse, quelque soient les circonstances.

Le Comité Paroissial, devant certaines circonstances, peut requérir une action disciplinaire plus sévère, en faisant une recommandation au Comité Directeur National (CDN) dont la fonction ou le rôle est d'enquêter, d'arbitrer, de concilier et de prendre par conséquent, des mesures appropriées.

123. Nonobstant les dispositions de la clause ou de l'article 122 ci-dessus, le Pasteur peut, de son propre chef ou après consultation du Conseil d'administration, prendre des mesures appropriées qui s'imposent.

124. Les pleines dispositions de cette Constitution en matière de Discipline sont traitées dans les clauses ou articles 165 et 170 ci-dessous.

125. Chaque Paroisse doit avoir un Comité Paroissial tiré ou issu de ses membres et qui sera responsable des affaires quotidiennes de la Paroisse.
Le Comité Paroissial sera élu et composé de trente-trois membres (33 membres) comme suit :
Un Président et deux Vice-Présidents
Un Secrétaire Général et deux Adjoints
Un Trésorier Général et Deux Adjoints
Six Conseillers Hommes
Six Conseillères Femmes
Six Hommes Membres
Six Femmes Membres
Cependant, conformément au pouvoir discrétionnaire dont il seul échu, le Pasteur peut approuver un Comité Paroissial restreint, c'est à dire, un Comité Paroissial n'atteignant pas 33 Membres dans sa composition.

126. Lorsqu'un Comité Paroissial ne fonctionne ou n'œuvre pas en faveur des meilleurs intérêts de la Paroisse, le Pasteur procédera à la dissolution de celui-ci et ordonnera l'élection d'un autre Comité Paroissial.

DU COMITÉ DIRECTEUR NATIONAL (OU CDN)

127. Le Comité Directeur National (CDN) sera la première instance responsable à laquelle toutes les Paroisses et les Comités Paroissiaux, (Régionaux, Provinciaux, de Districts et de Zones) auront recours par des rapports, pour des problèmes ne relevant pas de leur compétence.
Il accomplira ses fonctions sous l'autorité Supérieure du Comité Suprême, qui, lui, est sous l'ultime autorité du Pasteur.

128. Le Comité Directeur National (CDN) délibère sur tous les problèmes qui leur seront soumis, sur rapport par les Comité Paroissiaux et généralement sur tous les problèmes concernant la bonne marche de l'Église, du Diocèse ou des Paroisses ; y compris le maintien et l'interprétation de la doctrine de l'Église du Christianisme Céleste, la formation et la sauvegarde de la loi de l'Église du Christianisme Céleste, l'ordonnancement de toute la vie de l'Église du Christianisme Céleste et le maintien de la discipline.

DE LA COMPOSITION DU COMITÉ DIRECTEUR NATIONAL (OU CDN)

129. Le Comité Directeur National (CDN), en session représentative, sera composé comme suit :

1- Le Pasteur (qui sera Président Permanent) ou le Représentant du Pasteur
2- Le Chef de Diocèse et son Adjoint (assermentés, déchaussés et accrédités par le Pasteur)
3- Les Membres du Conseil d'Administration.
4- Tous les Évangélistes de tous les degrés dans le Diocèse.

Ceux-ci constituent les Représentants du Comité Directeur National (CDN) au sein de la Paroisse.
1- Le Représentant du Pasteur dans la Paroisse, c'est à dire le Chargé Paroissial assermenté et accrédité officiellement par le Pasteur.
2- Le Président du Comité Paroissial
3- Le Secrétaire Général du Comité Paroissial

4- Le Trésorier Général du Comité Paroissial
5- Deux autres Membres désignés par la Paroisse dont un Homme et une Femme et
6- Tous les autres Membres que le Pasteur peut nommer de temps en temps.

DU BUREAU EXÉCUTIF (BE) DU COMITÉ DIRECTEUR NATIONAL (OU CDN)

130. Le Bureau Exécutif du Comité Directeur National (CDN) sera composé comme suit :
1- Un Président (Le Pasteur ou celui qu'il aura désigné).
2- Le Secrétaire Général du Comité Directeur National (CDN)
3- Les deux Secrétaires Généraux Adjoints du Comité Directeur National (CDN)
4- Le Trésorier Général du Comité Directeur National (CDN)
5- Les deux Trésoriers Généraux Adjoints du Comité Directeur National (CDN) et
6- Tous les autres Responsables que le Comité Directeur National (CDN), peut désigner de temps en temps.

DU SECRÉTAIRE GÉNÉRAL DU COMITÉ DIRECTEUR NATIONAL OU (CDN)

131. Le Secrétaire Général du Comité Directeur National (CDN) sera élu parmi les membres par vote majoritaire.

132. Il sera élu à la première session du Comité Directeur National (CDN) à laquelle il devra, bien sûr, prendre part.

133. Le Secrétaire Général du Comité Directeur National (CDN) restera en fonction pour une durée de deux ans et sera rééligible par la suite, pour une durée de deux ans.

134. Il sera Responsable ou il aura pour tâche la rédaction des procès-verbaux.
Il devra suivre l'exécution de toutes les décisions du Comité Général.

135. En cas d'absence, conformément aux dispositions de l'article 131 le Comité Directeur National (CDN) pourra désigner un des Membres pour exercer, circonstantiellement, les fonctions de Secrétaire Général, comme cela est requis pour l'exécution conforme et appropriée de sa mission, selon ses besoins.

DU TRÉSORIER GÉNÉRAL DU COMITÉ DIRECTEUR NATIONAL (OU CDN)

136. Le Trésorier Général du Comité Directeur National (CDN) sera élu par les Membres du Comité Directeur National (CDN), à un vote majoritaire.
Le Trésorier Général restera en fonction pour une période de deux ans (2 ans) et sera rééligible pour la même durée.
Il devra :
Collecter et gérer les fonds du Comité Directeur National (CDN), selon les instructions que celui-ci lui donnera ;
Accomplir toutes les autres fonctions concernant les finances, toujours selon les instructions périodiques du Comité Directeur National (CDN).

137. En cas d'absence, le Comité Directeur National (CDN) pourra désigner un des Membres pour exercer, circonstantiellement, les fonctions de Trésorier Général, comme cela est requis pour l'exécution conforme et appropriée de sa mission, selon ses besoins.

DES RÉUNIONS DU COMITÉ DIRECTEUR NATIONAL (OU CDN)

138. Le Comité Directeur National (CDN) se réunira à la date et au lieu fixé à la réunion précédente ou comme prévu par les procédures réglementaires ; à condition que :

Si la dernière réunion du Comité Directeur National (CDN) n'avait pas fixé une date et un lieu ou pour toute autre raison, il devient impossible de se réunir à la date et au lieu fixé, le Pasteur fixera une date et un lieu pour la tenue de la réunion du Comité Directeur National (CDN). En outre, en cas d'urgence, le Pasteur peut, s'il le juge nécessaire, convoquer une réunion extraordinaire du Comité Directeur

National (CDN), à la date et au lieu, ainsi qu'aux délais de notification raisonnable qui conviendront de son avis.

139. Le Pasteur présidera toutes les réunions du Comité Directeur National (CDN) ou BE); attendu que :
(a)   Si le Pasteur est absent d'une réunion de la session Représentative, le Chef de Diocèse ou l'Adjoint au Chef du Diocèse présidera ; ou, en son absence, tout Membre désigné par le Pasteur ou le Conseil Pastoral.
(b)   Dans toutes les réunions du Comité Directeur National (CDN ou BE) où le Pasteur est absent, les décisions proposées seront toujours soumises à l'approbation du Pasteur.

DE LA QUALIFICATION PAR DÉFAUT ET DES AUTRES IRRÉGULARITÉS

140. Tout défaut découvert ultérieurement dans la qualification ou la désignation d'une personne censée être Membre actif du Comité Directeur National (CDN) ou l'absence à une réunion du Comité Directeur National (CDN), d'une personne, ou d'une classe de personnes, ou une vacance de poste ou l'oubli de convocation en bonne et due forme d'une personne, ou toute autre irrégularité similaire, n'affectera pas la validité d'un vote ou une mesure prise à une réunion du Comité Directeur National (CDN) et ses actes seront aussi valables que si la réunion s'était normalement déroulée avec tous les Membres au complet.
La validation de toute mesure ou décision restant toujours soumise à l'approbation du Pasteur.

DES AVIS, DES ORDRES DU JOUR ET DES PROCÈS VERBAUX

141. Tous les problèmes qui feront l'objet d'une réunion du Comité Directeur National (CDN) seront communiqués aux Membres du Comité, conformément aux procédures réglementaires.
a)- L'ordre du jour des réunions du Comité Directeur National (CDN) sera préparé conformément aux procédures réglementaires.
b)- Il y aura un registre de procès-verbaux dans lequel seront enregistrées toutes les questions traitées au cours de différentes réunions du Comité Directeur National (CDN); et les copies des procès-verbaux seront transmises selon les procédures réglementaires.
c)- Le contenu du registre des procès-verbaux sera lu et exposé au Comité Directeur National (CDN) puis vérifié et corrigé selon les procédures réglementaires.
d)- Les actes du Comité Directeur National (CDN) seront publiés selon les procédures réglementaires.
e)- Tout défaut dans les procédures définies à l'article 141 alinéas 1 et 2, n'annulera pas, par lui-même, les délibérations et les décisions adoptées au cours des réunions, à condition que ces décisions soient ratifiées par le Pasteur.

DES PROCÉDURES RÉGLEMENTAIRES

142. Selon les dispositions de cette Constitution, le Pasteur ou le Conseil Pastoral pourra prévoir par les procédures réglementaires, toutes les questions qui concernent l'Église et ses fonctions.
Ces procédures prendront effet immédiatement et seront strictement suivies par tous les Chrétiens Célestes, tous les Diocèses et toutes les Paroisses.

DU CONSEIL D'ADMINISTRATION

143. Il y aura un Corps d'Administrateurs pour l'Église du Christianisme Céleste, qui sera connu comme Conseil d'Administration de l'Église du Christianisme Céleste, nommé ci-après : Le Conseil.

144. Les Membres du Conseil seront nommés par écrit, à la seule discrétion du Pasteur et resteront en fonction, tant que leur nomination ne sera pas révoquée par écrit par le Pasteur.

145. Les premiers Administrateurs de l'Église sous la Constitution sont les suivants :
SAMSON OLATUNDE BANJO   OLUREMI OLUSAGA OGUNLESI
JOSIAH KAYODE OWODUNNI   OLAYINKA AFOLABI ADEFESO
SAMUEL OLATUNJI AJANLEKOKO   ALEXANDER ABIODUN BADA
             SAMUEL BILEHOU JOSEPH OSCHOFFA.

Les devanciers non consacrés au grade de Vénérable Senior Leader, faisant parti du Conseil d'Administration ont rang d'Évangéliste, lorsqu'ils siègent uniquement avec le Prophète Pasteur Fondateur S. B. J. OSCHOFFA.

DU ROLE ET DES ATTRIBUTIONS DU CONSEIL D'ADMINISTRATION

146. Le Conseil d'Administration sera, tant que la loi le permet, investi des pouvoirs suivants :
Gardien de toute propriété foncière et de tout bâtiment et immeuble de n'importe quelle description ou mode d'occupation de toute institution de tout établissement scolaire désigné comme patrimoine de l'Église du Christianisme Céleste, situé dans le Diocèse.
Gardien de tout autre bien, mobilier ou immobilier qui n'est pas mentionné ici et qui pourrait appartenir à l'Église du Christianisme Céleste ou à une de ses organisations ou institutions citées ci-dessus, pourvu que ces biens soient la propriété légale du Diocèse.
Il est la seule autorité qui représente l'Église du Christianisme Céleste en toute matière de relation entre l'Église d'une part et d'autres organisations et Communautés Religieuses d'autre part.
Rempli les fonctions de nature consultative, investigatrice, législative et exécutive que le Pasteur lui demandera d'exercer périodiquement, en toute matière concernant l'Église.

147. Le Conseil aura le pouvoir d'exiger de temps à autre, du Comité Directeur National (CDN) ou de tout autre Comité, de tous les responsables concernés par la gestion ou l'administration d'un bien de l'Église du Christianisme Céleste, toute information ou tout rapport dont il aura besoin, en vertu de cette Constitution, tout acte de loi ou une autre disposition faisant autorité.

148. Le Conseil aura le pouvoir d'exiger du Comité Directeur National (CDN), des Trésoriers Généraux de tous les autres Comités, Sous-Comités et de toutes autres institutions, voir tout autre Responsable concerné par l'Administration et/ou la gestion des fonds de l'Église du Christianisme Céleste, des informations dont il aura périodiquement besoin, même en matière d'organisation générale.
Le Conseil peut, s'il le désir ou s'il est nécessaire, ordonner une enquête ou un audit sur la gestion financière et comptable d'un Comité, Sous-Comité ou de tout autre organisation ou institution de l'Église du Christianisme Céleste.

149. Le Conseil peut périodiquement donner des directives pour un important investissement précis, s'il le juge nécessaire, en fonction des fonds des Comités, Sous-Comités et autres Organisations ou Organisme de l'Église du Christianisme Céleste.
Les directives financières du Conseil auront toujours un effet de loi.

150. Le Conseil aura l'autorité nécessaire pour négocier et donner des directives nécessaires et convenables en matière de gestion, conformément aux dispositions portant propriété de l'Église, à l'article 146.

DES RÉUNIONS DU CONSEIL D'ADMINISTRATION

151. Le Conseil se réunira à la date et au lieu que déterminera le Pasteur qui seul a l'autorité de convoquer une réunion du Conseil.
152. En l'absence du Pasteur ou s'il n'est pas disponibles et qu'il devienne nécessaire et impératif de tenir une réunion du Conseil, le Chef de Diocèse (chaque fois que la nécessité l'exigera, en accord avec le Pasteur) peut entreprendre la convocation d'une réunion par le Secrétaire du Conseil, conformément à l'article 154, alinéa 3 et 4 ci-dessous.
153. Face à une contingence définie par l'article 152, une telle réunion est considérée comme une urgence impérative et les décisions issues de celles-ci ne seront valables qu'après une ratification du Pasteur.

DES ATTRIBUTIONS, DU SECRÉTARIAT GÉNÉRAL ET DU CONSEIL D'ADMINISTRATION

154. Le Conseil désignera un Secrétaire parmi ses membres.
Le Secrétaire du Conseil sera, en vertu de cette Constitution, investi des pouvoirs suivant :
- 1- Il restera en fonction jusqu'à ce que le Conseil en décide autrement ;
- 2- Il agira en tant que Secrétaire, toutes les fois que le Conseil tiendra une réunion dans Il l'exercice de ses diverses fonctions que lui confèrent cette Constitution,
- 3- Il Transmettra les convocations de chaque réunion du Conseil et en assurera la validité, en prenant soin qu'elles soient dûment signées par le Pasteur ;
- 4- L'ordre du jour des réunions du Conseil sera préparé par le Secrétaire Général du Conseil, après avoir dûment consulté le Pasteur ;
- 5- Au cas où le Secrétaire Général du Conseil serait absent ou indisponible, le Pasteur pourra ordonner à un autre Membre du Conseil de faire office de Secrétaire du Conseil et celui-ci transmettra les convocations des réunions du Conseil conformément au présent article 154, aux alinéas 3 et 4 ci-dessus.
- 6- Il assumera toutes les autres fonctions que lui assignera le Conseil.

DES ATTRIBUTIONS DU TRÉSORIER GÉNÉRAL DU CONSEIL D'ADMINISTRATION

155. Le Conseil désignera un Trésorier Général parmi ses membres.
Le Trésorier Général sera, en vertu de cette Constitution, investi des pouvoirs suivants :
- 1- Il restera en fonction jusqu'à ce que le Conseil en décide autrement ;
- 2- Il collectera et gérera les fonds du Conseil, selon les directives données par le Conseil ;
- 3- Sous l'autorité du Conseil, il accomplira les devoirs concernant tous les aspects de la propriété et de la gestion financière de l'Église du Christianisme Céleste, selon les procédures consultatives, investigatrices et exécutives qu'ordonne le Conseil ;
- 4- Il accomplira tous les devoirs que le Conseil lui ordonnera périodiquement ;
- 5- A son absence, le Conseil ordonnera à l'un de ses membres de le remplacer comme assistant.

DU CONSEIL PASTORAL

156. L'ensemble des rouages de la Haute direction de l'Église du Christianisme Céleste, et la direction de ses affaires sera sous la responsabilité du Conseil Pastoral (nommé ci-dessous : "Le Conseil") qui est l'autorité ultime du Pasteur.

DE LA COMPOSITION DU CONSEIL PASTORAL

157. Les Membres du Conseil Pastoral seront les suivants :
- 1- Le Pasteur (qui en est le Président de droit)
- 2- Le Chef de Diocèse et son Adjoint
- 3- D'autres membres du Conseil d'Administration
- 4- Des Membres non permanents que le Pasteur peut coopter de temps en temps (selon les nécessités).

DES FONCTIONS DU CONSEIL PASTORAL

158. Le Conseil Pastoral, sous l'autorité du Pasteur, constitué conformément à cette Constitution, aura le pouvoir de décider en dernier ressort sur tous les problèmes de l'Église en général et du Diocèse en particulier; y compris :
- 1- La sauvegarde de la Constitution de l'Église du Christianisme Céleste,;
- 2- L'amendement et l'interprétation de la Constitution de l'Église du Christianisme Céleste, son application et son observation ;
- 3- La sauvegarde des lois et des règles de l'Église du Christianisme Céleste ;
- 4- Le maintien et l'interprétation de la doctrine de l'Église ;

5- La publication de l'Évangile quotidien, des almanachs, des livres de cantiques, des calendriers, des périodiques de l'Église et de toute autre publication de l'Église.

DES RÉUNIONS DU CONSEIL PASTORAL

159. Le Conseil Pastoral se réunira à la date et au lieu que déterminera le Pasteur qui est la seule autorité, habilité à convoquer une réunion du Conseil Pastoral.

160. En l'absence du Pasteur ou s'il n'est pas disponible, et qu'il y ait une impérieuse nécessité de convoquer une réunion du Conseil Pastoral, le Chef de Diocèse (chaque fois que cela est possible, avec le consentement du Pasteur) peut entreprendre de convoquer une réunion par le Secrétaire Général du Conseil Pastoral, conformément à l'article 162, alinéa 2 et 4 ci-dessus.

161. Selon les circonstances exposées dans l'article 160, une telle réunion est considérée comme une impérative urgence et les décisions prises au cours d'une réunion à caractère urgent. Ne sont valables qu'après ratification du Pasteur.

DES ATTRIBUTIONS DU SECRÉTAIRE GÉNÉRAL DU CONSEIL PASTORAL

162. Le Conseil désignera un Secrétaire Général parmi ses membres.
Le Secrétaire du Conseil Pastoral sera, en vertu de cette Constitution, investi des pouvoirs suivants :
   1- Il restera en fonction jusqu'à ce que le Conseil en décide autrement ;
   2- Il agira en tant que Secrétaire, toutes les fois que le Conseil Pastoral tiendra une réunion, dans l'exercice des diverses fonctions que lui confère cette Constitution ;
   3- Il transmettra les convocations des réunions du Conseil Pastoral, après qu'elles aient été signées par le Pasteur ;
   4- L'ordre du jour sera préparé par le Secrétaire Général, après en avoir débattu avec le Pasteur qui statuera en dernier ressort ;
   5- En l'absence du Secrétaire Général, le Conseil Pastoral peut désigner un de ses membres de le remplacer temporairement, pour des situations spécifiques ;
   6- Au cas où le Secrétaire Général du Conseil Pastoral sera absent ou indisponible, le Pasteur pourra ordonner à un autre membre de le remplacer et d'exercer selon l'article 162, alinéa 3 et 4 ci-dessus ;
   7- Il assumera toutes autres fonctions que lui assignera le Conseil Pastoral.

DES ATTRIBUTIONS DU TRÉSORIERS GÉNÉRAL DU CONSEIL PASTORAL

163. Le Conseil Pastoral désignera un Trésorier Général parmi ses membres.
Le Trésorier Général sera, en vertu de cette Constitution, investi des pouvoirs suivants :
   1- Il restera en fonction jusqu'à ce que le Conseil Pastoral en décide autrement ;
   2- Il collectera et gérera les fonds du Conseil Pastoral, selon les directives du Conseil ;
   3- Sous l'autorité du Conseil Pastoral, il accomplira son devoir concernant la gestion financière de l'Église du Christianisme, selon les instructions périodiques du Conseil Pastoral ;
   4- Il tiendra à jour, les livres se comptes appropriés des finances de l'Église ;
   5- Il accomplira tous autres devoirs que le Conseil Pastoral ordonnera périodiquement ;
   6- En cas d'absence, le Conseil Pastoral ordonnera à l'un de ses membres de le remplacer comme assistant.

DE L'ÉTABLISSEMENT DES NOUVELLES PAROISSES

164. Les Chrétiens Célestes qui pour une quelconque raison que ce soit, veulent implanter ou établir une nouvelle paroisse, ils devront en tout premier lieu, obtenir par écrit, l'approbation du Pasteur qui est la seule et ultime autorité pour autoriser l'implantation ou l'établissement d'une nouvelle paroisse. EXODE 25 :8-9.

165. En l'absence du Pasteur, le Chef de Diocèse peut donner son accord, sous réserve d'une ratification du Pasteur.

166. La présentation d'une preuve d'acquisition du terrain (c'est à dire un titre foncier au nom de l'Église du Christianisme Céleste) sera la condition préalable à toute autorisation d'implantation ou d'établissement d'une nouvelle paroisse.

167. L'original du titre foncier, dans le cas d'un terrain acheté pour l'Église ou un acte de cession à l'Église, dans le cas d'un terrain donné en cadeau à l'Église, devra être remis au Conseil d'Administration qui, lui, fera le nécessaire pour le garder en lieu sûr.

168. Il sera du devoir du Conseil d'administration, de mener des enquêtes appropriées et exhaustives, quant à l'authenticité du titre foncier, avant de l'accepter.

169. Les Paroisses en gestation devront s'assurer cependant qu'un soin approprié est pris, en ce qui concerne le vérification de la validité des droits des vendeurs ou donateurs, sur les parcelles sur lesquelles elles se proposent de construire les bâtiments de la nouvelle paroisse de l'Église.

DE LA DISCIPLINE

170. Le Comité Paroissial de chaque paroisse aura les pleins pouvoirs d'appliquer des mesures disciplinaires dans les cas mineurs qui affectent la paroisse.
Chaque fois qu'il deviendra nécessaire d'appliquer une mesure disciplinaire plus sévère, le Comité Paroissial aura recours :
(a) Au Pasteur
(b) Au Chef de Diocèse ou, à son absence, son Adjoint
(c.) Au Conseil Pastoral
L'action disciplinaire à entreprendre, en fonction de la gravité de la faute commise et de la culpabilité prouvée, sera dans ces circonstances toujours soumise à la ratification Pastorale.

DE L'INTÉGRATION D'ÉGLISES D'AUTRES DÉNOMINATIONS

171. L'intégration d'Églises Chrétiennes d'autres dénominations, dans l'Église du Christianisme Céleste, se fera uniquement par le Pasteur.

172. Les Église d'autres dénominations qui souhaiteront devenir Chrétiennes Céleste, devront adresser une demande d'intégration au Pasteur, par l'intermédiaire ou sous couvert du Conseil d'Administration, Dans cette demande, elles devront signifier leur renoncement à leur ancienne doctrine et aux règles de leurs anciennes Église tout en déclarant leur pleine adhésion à la doctrine et aux règles de l'Église du Christianisme Céleste, y compris cette Constitution.

173. Le Pasteur peut, s'il le désir, ordonner une enquête complète sur une Église qui souhaite devenir Chrétienne Céleste. Après cette enquête, un rapport sera transmis au Pasteur par l'intermédiaire ou sous couvert du Conseil d'Administration.

174. Après avis favorable, l'Église qui aura été enregistrée, devra avant sa fusion avec l'Église du Christianisme Céleste, remettre son certificat d'enregistrement et d'intégration, au Conseil d'Administration qui est seul, chargé de cette procédure.

175. Dans tous les cas, enregistrée ou non, les Églises voulant intégrer l'Église du Christianisme Céleste, devront remettre au Conseil d'Administration, toute propriété foncière et tout immeuble, quel qu'en soit la description ou le mode d'occupation, leur appartement. Ceux-ci seront sous la responsabilité du Conseil d'Administration.

176. Le Pasteur peut, après avoir dûment considéré les faits, décréter sous sa seule responsabilité et par sa seule autorité, ce qui suit :

(a) Rejeter carrément la demande d'intégration et de fusion
(b) Approuver la fusion avec ou sans modification d'une ou de toutes les dispositions établies ci-dessus ;
(c) Si la décision du Pasteur est conforme à l'article 174 ci-dessus, le Pasteur peut :
    1. Ordonner la fermeture de cette Église qui consent à fusionner avec l'Église du Christianisme Céleste et à répartir ses membres à travers ou dans d'autres paroisses voisines, établies par l'Église du Christianisme Céleste ;

2. Autoriser à cette Église de demeurer et de fonctionner en tant que Paroisse Chrétienne Céleste, selon les dispositions de cette Constitution ;

Dans les cas prévus dans la clause ou l'article 176, alinéa (b) ci-dessus, les procédures à adopter sont les suivantes :

      (i)   Le Baptême en cas de nécessité (ACTES 19 :1-6)

      (ii)   Modification de la structure du bâtiment de l'Église, si nécessaire ;

      (iii)   Consécration et sanctification, si nécessaire, du bâtiment de l'Église ;

      (iv)   Désignation d'un Représentant du Pasteur c'est à dire un Chargé Paroissial assermenté, déchaussé et accrédité par le Pasteur.

DE L'ARCHITECTURE DES BÂTIMENTS DE L'ÉGLISE

177. Conformément à la révélation du Saint Esprit, l'architecture et l'emplacement de l'autel dans les paroisses de l'Église du Christianisme Céleste, doivent être rectangulaires et faire face à l'EST. L'autel devra être séparé de la nef, par une rampe s'étendant sur toute la largeur de la paroisse.

178. L'autel intérieur (Grand autel sur lequel se trouve ou repose le Chandelier à sept branches) sera limité par une rampe basse avec une seule entrée au centre.

La disposition des fauteuils dans l'autel intérieur, en dehors de la table et du Saint autel, comprendra le fauteuil du Prophète Pasteur Fondateur à droite (vue de face) près du mur et celui du Suprême Évangéliste A. A. BADA à gauche, un peu plus loin du mur.

Les deux fauteuils n'ayant pas les mêmes dimensions, la disposition sera la même que ceux de l'autel intérieur du Siège Suprême à Porto Novo.

179. À condition de respecter strictement les normes spécifiques ci-dessus, une certaine variété dans l'architecture et la structure des paroisses est autorisée.

DE LA PROPRIÉTÉ DE L'ÉGLISE

180. Tout bien de l'Église dans une paroisse tel que les terrains, l'argent, les instruments de musique, tout matériel et matériaux et instruments utilisés pour glorifier l'Eternel Dieu n'appartient ni à un individu, ni à un groupe de personnes ; de même il est hors de question que ce patrimoine fasse l'objet de prêt ou de partage entre des personnes ou une famille particulière.

En rapport avec cela, il est souligné ici même que tous les biens de l'Église doivent être enregistrés et conservés au nom de l'Église du Christianisme Céleste.

181. Un bien acquis pour un usage spécifique de l'Église ou de la paroisse, doit être réservé uniquement pour cette fin.

Toute paroisse qui pour une raison ou pour une autre, se trouve fermée doit remettre tous ses biens ou son patrimoine au Diocèse ou au Siège International.

Toute Personne ou paroisse qui bafouera ces règles et ces dispositions en bradant ou en partageant les biens de l'Église ou de la paroisse, sera passible de poursuites judiciaires.

DE LA PART PASTORALE

182. La part Pastorale est le dividende du 1/3 (tiers) de toutes les quêtes et cotisations des paroisses, dues au Pasteur, au Suprême Évangéliste, aux Supérieurs Évangélistes, aux Seniors Évangélistes, aux Évangélistes et aux Assistants Évangélistes et à tous les devanciers consacrés et œuvrant à plein temps pour l'Église et la paroisse.

Ces dividendes ou prébendes dont les montants ne sont pas fixés, ne sont ou ne constituent pas un salaire en tant que tel mais plutôt des parts des collectes paroissiales de chaque mois (un tiers de ces collectes) ; cf. : MALACHIE 3 :8-12 ; NOMBRES 18 :8-26 ; 1 CORINTHIENS 9 :13-14 / 16 :1-3.

DE L'INTERPRÉTATION DE LA CONSTITUTION

183. Le Conseil Pastoral, sous l'autorité ultime du Pasteur, sera seul habilité à interpréter les normes doctrinales de l'Église et en toute matière concernant toute question relative à la Constitution, à la validité de toute disposition liée à cette constitution et de ces procédures réglementaires, y compris toutes règles, directives, résolutions et tous ordre accompli sur cette base ; toujours sous réserve des dispositions de l'article 161.

DE LA PROCÉDURE D'AMENDEMENT DE LA CONSTITUTION

184. Le Pasteur, de son propre chef ou sur recommandation du Conseil Pastoral, peut amender ou annuler toutes dispositions de cette Constitution.

DE LA HIÉRARCHIE DES GRADES HIÉRARCHIQUE ET DES SOUTANES

185. L'Église du Christianisme Céleste a une hiérarchie dans laquelle les différents grades se distinguent par les soutanes, les sangles et les surplis ou les apparats.
Les Chrétiens Célestes doivent se conformer strictement aux dispositions concernant l'ancienneté, les soutanes et les grades, conformément à la brochure de l'Église intitulée : ''Ordre d'Ancienneté, de Promotion et d'Habillement grade par grade'', ainsi que l'organigramme et les modèles de soutanes correspondantes.

186. Normalement, le grade hiérarchique le plus élevé de l'Église, auquel les Chrétiens Célestes peuvent être promus est celui de Vénérable Senior Leader, Vénérable Senior Woleader et Vénérable Senior Alagba.
Par conséquent, ceux qui auront atteint ces différents grades, ne devront pas s'attendre à une promotion automatique à des grades plus élevés à savoir Assistant Évangéliste et au-delà, même s'ils sont des devanciers consacrés à l'Église et œuvrant à plein temps dans les paroisses.

187. Lorsqu'il y a carence de devanciers dans les grades les plus élevés tel celui d'Assistant Évangéliste et au delà ; une sélection à partir des Vénérables Seniors Leaders, Vénérables Seniors Woleaders et Vénérables Seniors Alagba sera faite, après avoir sérieusement étudié l'aptitude des candidats respectifs, par le Pasteur, assisté, si nécessaire, d'un Comité Spécial du Conseil Paroissial.

188. Le Pasteur en qui réside toute autorité dans l'Église, peut à sa seule discrétion, décider des nominations directes, à n'importe quel grade, y compris ceux d'Assistant Évangéliste, Évangéliste ou au-delà.

189. Pour mieux le souligner, il est répété ici que les membres féminins ou les Chrétiennes Célestes, durant leur menstruation, ne sont pas autorisées à entrer dans l'enceinte de la paroisse jusqu'après leurs 7 jours (sept jours) de sanctification biens comptés, après lesquels elles iront prendre leur bain de sanctification à la paroisse, après la prière du Chargé paroissial ; et si la menstruation s'étend au-delà de sept jours, deux jours biens comptés seront accordés après l'arrêt du flux, puis elles se sanctifieront le 3ième jour à la paroisse, après la prière du Chargé Paroissial. Cf. : LÉVITIQUE 15 :19 ; MATTHIEU 5 :17-19.

190. Dans l'Église du Christianisme Céleste, les femmes ne sont pas autorisées à prêcher, à être programmées pour les différentes lectures ni pour la lecture des annonces pendant les cultes. Par contre, n'étant pas autorisées à conduire des cultes, elles sont néanmoins autorisées à dire ou faire des prières quand on le leurs demande ; et de lire des passages bibliques cités par le Prédicateur.

191. Dans l'Église du Christianisme Céleste, les femmes ne peuvent en aucun cas donner la bénédiction pendant les cultes, ou diriger les hommes en prière ; ceci en accord avec l'injonction de Saint Paul : GENÈSE 3 :16 ; 1 CORINTHIENS 14 :34-35.

192. Mais l'extérieur de l'Église ou de la Paroisse, parmi les assemblées de femmes et dans les Évangélisations en plein air, les femmes peuvent accomplir les fonctions spirituelles de prédication.

193. Après l'accouchement, les femmes ne sont pas admises dans l'enceinte de l'Église ou de la paroisse, pour une durée de quarante et un jours.

Après les quarante et un jours et après la sanctification, les femmes pourront enfin se rendre à la paroisse pour une action de grâce à l'Eternel Dieu.

194. Après leurs sept jours d'impureté, au huitième jour, les femmes se rendront à la paroisse, pour une sanctification selon la manière prescrite avant d'entrer dans une paroisse. La sanctification à cet égard, se déroulera comme suit :
Les femmes concernées iront à l'Église ou à la paroisse avec un sceau d'eau, une bougie, une éponge de bain et une savonnette. Elle se mettra à genoux, à l'entrée Ouest de la paroisse, faisant ainsi face

à l'autel, devant le Représentant Pastoral ou le Chargé Paroissial assermenté, déchaussé et accrédité par le Pasteur ou ceux qu'il aura désigné et tiendra devant elle, sa bougie allumée par le Représentant Pastoral ou le Chargé Paroissial assermenté, déchaussé et accrédité par le Pasteur ou celui qu'il aura désigné, son seau d'eau, l'éponge de bain et le savon. Après avoir chanté les cantiques appropriés, il fera une prière de rémission de péchés et de sanctification.

Après la prière, il mettra la bougie dans l'eau et elles iront prendre leur bain (toute seule) avec tout ce qu'elles auront apporté pour la circonstance. Après ce bain, elles seront désormais libres et aptes d'entrer dans le temple de l'Eternel Dieu des Armées ou la paroisse.

L'accomplissement de cette sanctification obligatoire, tant pour les hommes que pour les femmes, voir les nouveaux venus, leurs permettra d'entrer par l'une des portes de la paroisse où ils devront, à l'aide de leurs mains, s'asperger de l'eau bénite proche de la porte et faire le signe de croix avant d'entrer dans la paroisse.

DU MARIAGE

195. L'Église du Christianisme Céleste respecte les mariages célébrés en union sacrée conformément aux promesses échangées entre mari et femme, devant l'Eternel Dieu et devant son autel Saint.

196. Tous les mariages religieux célébrés dans d'autres Églises Chrétiennes sont reconnus par l'Église du Christianisme Céleste.

Tous les serments prononcés par ces mariages Chrétiens sont reconnus par l'Église du Christianisme Céleste comme inviolables parce que tout engagement devant l'Eternel Dieu doit être honoré ; cf. : ECCLÉSIASTE 5 :4.

197. Tous les mariages célébrés dans l'Église du Christianisme Céleste seront en conformité avec l'acte de mariage sous lequel notre Église est brevetée.

DE L'ONCTION

198. L'onction est un acte spirituel dont la raison d'être remonte à la chute d'Adam.

Par suite de cette chute et la destruction ultérieure du monde par le déluge au temps de Noé, l'Eternel Dieu des Armées chercha à donner au peuple d'Israël et au monde, par Moïse, les dix Commandement réglementant la conduite humaine.

Pendant que Moïse était en train de communiquer avec l'Eternel Dieu pour recevoir les Commandements, Aaron pécha, en élevant des images taillées qu'il allait faire adorer au peuple. Quand Moïse vit cela, à son retour, il se fâcha, brisa les tables de la loi. Mais il intercéda auprès de l'Eternel Dieu, en faveur d'Aaron. L'Eternel Dieu dit alors que si le péché d'Aaron devait être effacé, lui Moïse, devait l'oindre avec de l'Huile. Ce que Moïse fit et Aaron devint ainsi le premier homme à être oint. Après son onction, il fut rebaptisé Lévi. C'est ainsi que commença l'onction que tous les fils de Lévi suivirent.

De nouveau, lorsque le peuple d'Israël demanda un Roi comme les autres peuples, l'Eternel Dieu accéda à leur requête. Il choisit Saül pour eux et l'onction de Saül marqua son couronnement. Mais lorsque Saül désobéit à la parole de l'Eternel Dieu, exactement comme Adam l'avait fait, il perdit le soutien et l'appui de l'Eternel Dieu et suite à cela, la couronne ; cf. : 1 SAMUEL 15 :1-35.

L'Eternel Dieu choisit David et celui-ci fut oint Roi, en remplacement de Saül (1 SAMUEL 16 :11-13). De façon similaire, l'onction de Salomon mit un terme à la rivalité entre Adonijah et lui, pour la succession de David comme Roi. Tout compte fait, tous les Rois d'Israël furent oints pareillement.

A l'égard de notre Seigneur Jésus Christ, son caractère unique avait été prophétisé dans l'Ancien Testament (ESAÏE 7 :14-15) où il est mentionné comme ''EMMANUEL'' qui signifie ''DIEU est avec nous''. Ses deux noms Jésus Christ définissent deux aspects différents de lui.

Jésus signifie Sauveur tandis que Christ signifie ''Le seul qui a été oint depuis le sein de sa mère'' (LUC 1 :30-33 ; LUC 2 :11)

Ce fut le nom Christ qui inquiéta le plus le Roi Hérode qui pourtant avait été oint Roi, comme les autres, avant lui. Mais là où, pour le Roi Hérode, le bas blessait c'était le fait que la véritable définition du nom Christ était que ''Ce nouveau né avait été oint avant même d'être conçu et avant de naître''. (MATTHIEU 2 :1-5 et ESAÏE 9 :6).

C'est cet acte spirituel d'onction que l'Église du Christianisme Céleste a hérité glorieusement la grâce.

Après le baptême, l'onction est très importante dans l'Église du Christianisme Céleste.

Seul le Pasteur est habilité à oindre au nom de notre Seigneur Jésus Christ, en général, une fois par année, pendant la période de Noël et du Nouvel An.

DE LA SIGNIFICATION DE L'ONCTION DANS L'ÉGLISE DU CHRISTIANISME CÉLESTE

199. Très tôt dans les débuts d'existence de l'Église du Christianisme Céleste, le Prophète Pasteur Fondateur fit une prière (qui fut agréée et exhaussée) que l'Eternel Dieu permette à quiconque serait oint par lui, d'être doté d'une portion du pouvoir du Saint Esprit) qui lui a été donné, afin de favoriser en son absence, le pouvoir et la gloire de l'Eternel Dieu des Armées (NOMBRES 11 :16-17.

Ceci se manifeste par le fait que chaque fois qu'une personne ointe adresse une prière à l'Eternel Dieu des Armées dans un but spécifique, le Saint Esprit, en reconnaissance du Sceau d'onction de celui qui adresse la prière, descende, au nom de notre Seigneur et Sauveur Jésus Christ, accomplir, grâce au Saint Esprit, la demande faite par l'oint et repartira ; cf. NOMBRES 11 :24-25. Ceci est différent pour les messagers de l'Eternel Dieu des Armées comme Moïse, Elie, Élysée ou Prophète Pasteur Fondateur Samuel Bilehou Joseph Oschoffa en qui le Saint Esprit revêt un caractère permanent.

DES DISPOSITIONS EXCEPTIONNELLES DES MEMBRES DU CONSEIL D'ADMINISTRATION :

200. Les Membres du Conseil d'Administration sont au nombre de sept (7).

Quatre d'entre eux, mentionnée en dernier lieu à l'article 145 ci-dessus, ne sont pas des devanciers consacrés, œuvrant à plein temps dans l'Église, pour une paroisse donnée. Par contre, ils sont élevés ou promus au grade d'Évangéliste consacrés ou assermentés depuis longtemps.

Ils porteront sur eux, l'insigne de leur rang spécial de membre du Conseil d'Administration. Ces quatre seront supérieurs à tous les Chrétiens Célestes qui ont été oints Assistant Évangéliste et/ou Évangéliste pendant la période d'onction 1979/1980, Cela signifie qu'en s'alignant pour rentrer dans la paroisse, en début de culte, ou pour la sortie, à la fin du culte, ces quatre membres du Conseil d'Administration s'aligneront derrière tous les Assistant Évangéliste et Évangéliste. Seul ceux qui ont été oints ou promus au grade de Senior Évangéliste pendant la période d'onction 1979/1980, s'aligneront derrière ces quatre membres du Conseil d'Administration. /-

APPENDICE

LISTE DES PERSONNES RESSUSCITÉES D'ENTRE LES MORTS PAR NOTRE SEIGNEUR JÉSUS CHRIST A TRAVERS LE RÉVÉREND SAMUEL BILEHOU JOSEPH OSCHOFFA, PROPHÈTE PASTEUR FONDATEUR DE L'ÉGLISE DU CHRISTIANISME CÉLESTE MONDIALE.

EN RÉPUBLIQUE DU BENIN :

1- KUDIHO à Agonguè, via Porto Novo.
2- MAWUNYON EMMANUEL GUNTO à Porto Novo
3- ABRAHAM ZANUTE à Agonguè
4- TINAVIE (belle fille de Huasu Kuwakamu)
5- LA FILLE DE JOSEPH ZEVUNU à Ganvié
6- MOÏSE SURU AFOYAN de Zevu, District de Porto Novo
7- FILLE D'ANDRÉ YE à Shamwe, Toffin
8- JOSEPH AWHANGBE, Fils du Senior Leader Matte. G

AU NIGERIA :

1- HUNSU (garçon âgé de sept ans) à Makoko, Lagos
2- THERESA à Makoko, Lagos
3- OLUSOLA, à Makoko, Lagos
4- FILS DE OYEDEJI à Abeokuta ; aujourd'hui décédé
5- ALAGBA LADIPO à Yemetu, Ibadan ; plus tard Senior Leader.

La liste ci-dessus n'est pas exhaustive. Beaucoup plus de personnes continuent d'être ressuscitées d'entre les morts par notre Seigneur et Sauveur Jésus Christ, à travers le Prophète Pasteur Fondateur de l'Église du Christianisme Céleste Samuel Bilehou Joseph Oschoffa ; depuis le dernier cité sur la liste.

Gloire soit rendue à l'Eternel Dieu des Armées au plus haut des cieux, Alléluia !

Noms des personnes accréditées pour exécuter l'Acte de Constitution au nom de l'Église du Christianisme Céleste (Diocèse du Nigeria)

1-SAMSON OLATUNDE BANJO   2-OLUREMI OLUSOGA OGUNLESI

3-JOSIAH KAYODE OWODUNNI   4-OLAYINKA AFOLABI ADEFESO

5-SAMUEL OLATUNJI AJANLEKOKO   6-ALEXANDER ABIODUN BADA

7-SAMUEL BILEHOU JOSEPH OSCHOFFA.

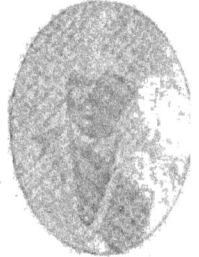

S. O. BANJO
Superior Senior Leader

O. O. OGUNLESI
Superior Senior Leader

J. K. OWODUNNI
Superior Senior Leader

O. A. ADEFESO
Superior Senior Leader

S. O. AJANLEKOKO
Superior Senior Evangelist

REV. S. B. J. OSHOFFA
Pastor Prophet Founder

A. A. BADA
Supreme Evangelist

BOARD OF TRUSTEES
CELESTIAL CHURCH OF CHRIST

LE CONSEIL D'ADMINISTRATION DE L'EGLISE DU CHRISTIANISME CELESTE

Autres Oeuvres chez Solara Editions

www.ingramcontent.com/pod-product-compliance
Lightning Source LLC
Chambersburg PA
CBHW032121040426
42449CB00005B/211

* 9 7 8 1 9 4 7 8 3 8 3 9 0 *